MATTHIAS HAMMER

Der Feind in meinem Kopf

Stopp den INNEREN KRITIKER!

Sabotieren wir uns selbst?

Fünf typische Feinde

Der Erwachsene in uns

Die Anteile verwandeln

Zum Nachschlagen

Vorwort

Können Sie sich daran erinnern, wie Sie das letzte Mal den Schlüssel verlegt oder den Rotwein auf Ihr Sofa geschüttet haben? Was haben Sie in diesen Momenten über sich selbst gedacht? Was haben Sie zu sich gesagt? Wie sind Sie mit sich umgegangen?
»Das ist ja mal wieder typisch! Das passiert aber auch nur dir. Du bist einfach so dämlich!« Haben Sie sich auf eine solche Art beschimpft? Oft gehen wir mit uns selbst schlechter um als mit anderen Menschen. Unsere inneren Dialoge können sehr selbstkritisch und sogar bösartig werden. Sie bekommt niemand mit, deshalb gebrauchen wir dabei häufig Worte, die wir gegenüber einem anderen Menschen nie verwenden würden. Wir selbst aber hören sie – und können uns durch diese inneren Selbstgespräche das Leben zur Hölle machen.
Es ist, als ob wir einen Feind im Kopf tragen, der uns schlecht behandelt. Er tritt vor allem dann auf die Bildfläche, wenn in unserem Leben etwas schiefläuft und wir gestresst sind. Es können kleine alltägliche Versäumnisse und Fehlleistungen sein oder auch die großen Lebenspläne und wichtigen Entscheidungen, die irgendwie schiefgehen. Immer dann, wenn wir leiden, meldet er sich, der Feind im Kopf. Er fängt an, uns zu bewerten und uns Katastrophen auszumalen. Er treibt uns in die Überforderung oder bremst uns aus, sodass wir uns wie gelähmt fühlen. Nach außen gelingt es uns vielleicht noch, die Fassade zu wahren, innen aber fühlt es sich ganz anders an. Wir sind unzufrieden, gekränkt, müde und erschöpft.
In der Psychologie spricht man von Selbstsabotage. Der Feind im Kopf agiert wie ein Saboteur, der Schaden in unserem Leben anrichtet. Massive Selbstkritik ist häufig mit Grübeleien und depressiven Störun-

gen verbunden. Zu viele Sorgen und Katastrophendenken führen zu Ängsten und Unsicherheiten. Vermeidung hindert uns daran, unser Leben zu leben, sie macht uns unzufrieden und kann längerfristig in die Depression oder Sucht führen.
Dieses Buch hilft Ihnen, Ihre selbstsabotierenden Muster zu erkennen und auf neue, konstruktive Weise damit umzugehen. Sie lernen nämlich, diese Feinde in wohlwollende Freunde und Unterstützer zu verwandeln. Daraus werden Sie eine enorme emotionale Stärke entwickeln. Ich lade Sie also ein auf einen Weg zu mehr Lebensfreude, Tatkraft und Zufriedenheit.

Ihr Matthias Hammer

Es lohnt sich! Lernen Sie,
Ihre inneren Dämonen
zu zähmen und zu verwandeln.

Sabotieren wir uns selbst?

Es ist so erstaunlich wie wahr: Unsere ernsthaftesten Feinde sind oft wir selbst. Wir kritisieren uns hart, beschimpfen uns zuweilen sogar und nutzen unsere Kraft für alles Mögliche, nur nicht für uns selbst. Doch indem wir das erkennen, können wir beginnen, anders mit uns umzugehen.

DAS PHÄNOMEN DER SELBSTSABOTAGE

Claudia sitzt im Chaos all der aus ihrem Schrank herausgerissenen Kleider. »Was soll ich nur anziehen? Ich fühle mich klein und dick.« Sie steht vor dem Spiegel, schaut sich an und findet sich hässlich. Eine Stimme in ihr sagt: »Du siehst beschissen aus.«

Kennen Sie solche Szenen? Momente, in denen die Selbstkritik überhandnimmt und Sie sich richtiggehend fertigmachen? Es fühlt sich so an, als ob Sie mit sich selbst sprechen. Und alles, was Sie in diesen Situationen zu sich sagen, scheint wahr zu sein. In solchen Momenten fühlen Sie sich genauso »besch…«, wie die innere Stimme es sagt.

Claudia geht es oft so, vor einem Bewerbungsgespräch oder einem Fest, bei dem sie besonders gut aussehen will. Der innere Kritiker wird aktiv und tobt sich so richtig aus.

ALLZU MENSCHLICH

Vor Kurzem wurde von den Steuerhinterziehungen von Uli Hoeneß berichtet. Es ist schwer nachvollziehbar, warum ein so reicher und erfolgreicher Mann sich selbst so schädigt. Für viele Zuschauer dieses Geschehens ist klar: Seine Fernsehauftritte stehen im völligen Widerspruch zu seinem Verhalten. Es könnte gut sein, dass er sich während seiner Haft oft gefragt hat: »Wie konnte ich nur …?«

Für uns ist es meist besonders interessant, wenn wir ein selbstschädigendes Verhalten bei Prominenten entdecken. Eine ganze Medienindustrie lebt von den Fehltritten von VIPs und Sternchen. Sie stürzt sich genüsslich auf jede Panne, auf jeden Patzer, auf alles nicht Gelingende im Leben von Boris Becker und Co. Sie tut dies, weil sie weiß, dass sie mit diesen Schlagzeilen Leser gewinnt.

Natürlich geht es nicht nur Prominenten, Stars und Sternchen so, sondern letztlich uns allen: Es ist durchaus menschlich, etwas zu tun oder zu denken, das gegen die eigene Person gerichtet ist. »Warum war ich wieder einmal unfähig, Nein zu sagen?« oder »Wie konnte mir nur dieser schlimme Fehler passieren!« Diesen Sätzen gehen oft Handlungen voraus, die uns nichts als Ärger bringen.

Vielleicht treiben Sie sich zu unerreichbarem Perfektionismus an oder stehen sich selbst im Weg. Das kann Alltägliches betreffen, wenn Sie unangenehme Aufgaben vor sich herschieben und unter Ihrem schlechten Gewissen fast zusammenbrechen. Es können aber auch größere Themen sein: Sie trauen sich nicht, sich auf Ihren Wunschjob zu bewerben oder sich von einem untreuen Partner zu trennen.

PERSÖNLICHE ERFAHRUNGEN

Immer nur getrieben

Andrea ist 35 Jahre alt, hat zwei Töchter im Kindergartenalter und arbeitet halbtags bei der Stadtverwaltung. Ihr Mann ist Ingenieur.

Als Andrea in die Beratung kam, sagte sie: »Ich habe fast alles erreicht, was ich wollte, und trotzdem fühle ich mich ständig getrieben und unzufrieden.« Ich bat sie, genauer zu erzählen, und sie machte eine Bestandsaufnahme: »Wenn ich zu Hause bin, habe ich so einen inneren Druck, immer etwas zu tun, aufräumen, Wäsche waschen … Wenn ich mal zur Ruhe kommen will, ist es, als wenn eine Stimme in mir all die unerledigten Aufgaben auflistet. Ich kann dann nicht ruhig sitzen bleiben. Diesen Druck habe ich auch am Arbeitsplatz. Das ist doch nicht normal, oder? Wenn ich so unausgeglichen bin, dann werde ich auch schnell ärgerlich auf die Kinder. Manchmal schreie ich sie an und dann bin ich noch unglücklicher und unzufriedener mit mir selbst.«

IST DA NOCH JEMAND IN IHNEN?

Es ist, als ob fremde Kräfte in uns wirken, die uns daran hindern, das Leben zu führen oder der Mensch zu sein, der wir eigentlich sein wollen. Es gibt sehr vielfältige Formen von Feinden im eigenen Kopf. Die alltäglichste und verbreitetste Form ist der innere Kritiker, der uns einredet, dass wir von den anderen abgelehnt werden und es so oder so nicht schaffen werden. Seine beißenden Kommentare verletzen und kränken und lösen Stress und negative Gefühle aus.

Selbstsabotage zeigt sich aber auch in vielfältigen Verhaltensweisen:

- Vermeidung von emotional bedrohlichen Situationen wie Konflikten, dem Reden in der Öffentlichkeit, dem Äußern von Kritik, Wünschen oder einem Nein.
- Perfektionismus – nichts geht unter 150 Prozent.
- Übertriebener Arbeitseinsatz, ohne auf die eigenen Grenzen zu achten.
- Ein ausgeprägtes Kontroll- und Sicherheitsverhalten.
- Süchte der unterschiedlichsten Art.
- Rückzug und das Leben in Fantasiewelten.

Hinter solchen Verhaltensmustern stecken oft früh gelernte Überlebensstrategien. Häufig gelingt es uns nicht, diese an die Situationen und Herausforderungen unseres erwachsenen Lebens anzupassen. Wir sind jetzt Mutter, Vater, Selbstständiger oder Vorgesetzte – aber wir verhalten uns nach den Regeln, die man uns als Kind mitgegeben hat.

Viele früh erlernte Strategien engen uns ein.
Wir suchen einseitig
nach Lösungen für unsere Probleme.

PERSÖNLICHE ERFAHRUNGEN

Kräftezehrende Aufopferung

Martin berichtete mir in der Beratung, dass er oft das Gefühl habe, er dürfe anderen nicht zur Last fallen. Seine Mutter war schwer an Multipler Sklerose erkrankt und mit der Erziehung der Kinder völlig überfordert, sodass Martin als Ältester auf seine zwei Geschwister aufpassen musste. Bis heute folgt er der damaligen Anweisung: »Übernimm die Verantwortung für andere und falle niemandem zur Last.«
Als Kind war es für ihn eine wichtige Überlebensstrategie, um weiter von der Mutter geliebt zu werden. Aber er hat sie so stark verinnerlicht, dass sie bis in die Gegenwart, bis in sein Erwachsenenleben hineinwirkt. Im Betrieb ist er der Erste, der Verantwortung übernimmt und eigene Bedürfnisse hinten anstellt. Er ignoriert seine Grenzen, fühlt sich mittlerweile oft erschöpft, ausgebrannt und depressiv. Wir gaben der in ihm mächtigen inneren Stimme einen Namen: innerer Antreiber.

Hat jemand wie Martin im Beispiel oben als achtjähriger Junge gelernt, immer die Verantwortung für andere zu übernehmen und eigene Bedürfnisse zurückzustellen, kann ihn das leicht in die völlige Selbstüberforderung und den Burnout treiben. Viele der in der Kindheit gelernten Strategien verhindern anstehende Veränderungen und hemmen unseren persönlichen Reifungs- und Entwicklungsprozess. Aus Angst kleben wir an Gewohnheiten, Arbeitsplätzen oder Menschen, die uns eigentlich schaden.

VIEL KRITIK AN SICH SELBST

In unserer Kindheit haben wir auch gelernt, wie andere mit uns umgehen. Wenn wir von unseren Eltern wenig getröstet, aber permanent kritisiert und belehrt wurden, dann lernen wir, dass Selbstkritik ein nützliches Instrument ist. Wir übernehmen dieses Verhalten, wir verinnerlichen es und sind dann als Erwachsene ebenso kritisch zu uns selbst. Genauso wie wichtige Bezugspersonen mit uns umgingen, gehen wir heute mit uns selbst um.

Kinder, die sehr viel kritisiert werden, versuchen, möglichst keinen Anlass zur Kritik zu geben. Sie kritisieren sich selbst sehr hart, um keine Fehler mehr zu machen oder perfekt zu sein – und das bis ins Erwachsenenalter. Der innere Kritiker dient zunächst zum Schutz vor der harschen Kritik des Vaters oder der Mutter. Doch wenn wir uns selbst emotional kränken oder beleidigen, lösen wir Stressreaktionen aus. Wissenschaftliche Studien weisen darauf hin, dass zu viel Selbstkritik ein erhöhtes Risiko für depressive Störungen bedeutet.

REFLEXION

Ihre »Überlebensstrategien«

Mit den folgenden Fragen kommen Sie den Strategien – ob sinnvoll oder lästig – auf die Spur, die Sie in problematischen Situationen anwenden. Wie reagieren Sie, wenn es in Ihrem Leben schwierig und belastend wird?

- *Ziehen Sie sich zurück und isolieren sich von den anderen?*
- *Malen Sie den sprichwörtlichen Teufel in Form von Katastrophenszenarien an die Wand?*
- *Beginnen Sie zu grübeln und sich ununterbrochen Sorgen zu machen, bis Sie kaum noch schlafen können?*
- *Stürzen Sie sich in Aktivitäten, die oft nichts besser machen?*
- *Oder reagieren Sie relativ gelassen?*

REFLEXION

Wie gehen Sie mit sich selbst um?

Reflektieren Sie einmal über die inneren Dialoge, die Sie führen.

- *Wenn Sie sich selbst kritisieren, wie sprechen Sie dann mit sich? Freundlich oder hart, aggressiv oder respektvoll?*
- *Welche Worte benutzen Sie, wenn Sie sich selbst kritisieren? Auch Schimpfworte oder Beleidigungen?*
- *Wie fühlen Sie sich, wenn Sie sich selbst kritisieren?*
- *Und hier eine spannende Frage als ersten Impuls für Menschen mit einem starken inneren Kritiker: Wie würden Sie sich fühlen, wenn Sie auch in schwierigen Momenten freundlich und wertschätzend mit sich selbst umgehen würden?*

FREI WERDEN VON INNEREN FEINDEN

Zweifellos, durch einen schlechten Umgang mit uns selbst sabotieren wir unser Wohlbefinden und unsere Gesundheit. Viele Menschen behandeln andere extrem rücksichtsvoll und herzlich, sich selbst aber doch eher kalt und abwertend. Entwicklungspsychologische Untersuchungen zeigen, dass Menschen, die von ihren Eltern geliebt wurden und eine sichere Bindung erfahren haben, als Erwachsene davon überzeugt sind, liebenswert zu sein und auf Unterstützung von anderen zählen zu können. Hat jemand als Kind diese Zuwendung nicht erfahren, erlebt er als Erwachsener viel mehr Unsicherheit und ist mit sich selbst weniger mitfühlend und freundlich.

REFLEXION

Anzeichen für innere Feinde

Die Feinde im Kopf haben viele Gesichter und bringen uns zu den unterschiedlichsten Verhaltensweisen. Beim einen zeigt sich die Selbstsabotage durch Rückzug und Vermeidung, beim anderen durch Selbstaufopferung und übermäßiges Arbeiten. Die folgenden Eigenheiten führen Sie schon näher an Ihre inneren Feinde heran. Reflektieren Sie am besten beim Lesen, inwieweit Sie sich in den Beschreibungen wiedererkennen.

- ***Behandeln Sie sich wie einen Freund?*** *Eine wertvolle Frage: »Was würden Sie einem Freund in Ihrer Situation raten? Wie würden Sie mit einem Freund in Ihrer Situation umgehen?« Gehen Sie mit sich selbst genauso um? Oder deutlich härter? Wenn Sie die Freundlichkeit sich selbst gegenüber verlieren, sind sabotierende Kräfte am Werk.*
- ***Generalisieren Sie?*** *Häufig sehen wir uns oder die Dinge in Schwarz oder Weiß, gut oder schlecht, alles oder nichts. Aus einer Kritik von einem Kunden wird: »Ich kann es meinen Kunden nicht recht machen!« Aus einer einzigen negativen Rückmeldung zu einem Fest stellt man das ganze Fest infrage. Die negativen Aspekte einer Situation werden herausgefiltert. Es gibt keine Graustufen mehr.*
- ***Grübeln Sie?*** *Verbringen Sie viel Zeit damit, über sich nachzugrübeln? Die Gedanken sind dann oft viel schlimmer als die Realität. Häufig sind es immer dieselben Gedanken. Als hielte man die Repeat-Taste im Kopf gedrückt. Wir denken an all die Probleme, ohne eines davon zu lösen.*
- ***Behalten Sie die innere Distanz?*** *Häufig reagieren wir mit Gefühlen, die stärker sind, als es der Situation angemessen wäre. Wir sehen alles wie durch eine Brille, die uns unser innerer Kritiker oder ein anderer Saboteur aufgesetzt hat. Wir glauben ihm, dass wir nichts wert sind*

und es nie schaffen werden. Es scheint die reine Wahrheit zu sein. Unsere Gedanken nehmen wir als Fakten. Wir können uns innerlich nicht mehr von dem Geschwätz in unserem Kopf distanzieren.

- ***Rutschen Sie ins Kind-Ich?*** *Passiert es Ihnen, dass Sie sich nicht mehr wie eine erwachsene Person fühlen, sondern unterlegen, unwissend, unzulänglich? Klein wie ein Kind, das den Ansprüchen nicht genügen kann? In solchen Momenten lassen wir uns vom Chef maßregeln. Die Kritik erscheint uns gerechtfertigt und wir schaffen es nicht, souverän unsere Sicht der Dinge darzustellen. Oder wenn der Partner uns wenig beachtet, lassen wir ihn beleidigt unseren Trotz spüren.*
- ***Wenden Sie starre Einstellungen und Regeln an?*** *»Als Arbeiterkind muss man nicht studieren, als Frau darf man nicht wütend sein und als Selbstständiger sollte man ständig arbeiten.« Wir haben viele Regeln übernommen, die uns unbewusst bestimmen. Oft handelt es sich dabei um negative Grundeinstellungen gegenüber Freude, Spaß und positiven Gefühlen. Manche dieser Themen werden seit Generationen »vererbt«. Sie wirken unbewusst weiter, bestimmen unser Verhalten und engen uns ein. Wenn wir uns entspannen wollen, haben wir ein schlechtes Gewissen und wissen nicht, warum. Existieren unbewusste Genussverbote, leben wir freudlos vor uns hin. Wir spüren die Unangemessenheit dieser Regeln vielleicht sogar, aber wissen (noch) nicht, wie wir sie ändern können. Es bleibt eine diffuse Unzufriedenheit.*
- ***Wird Ihr Verhalten rigide?*** *Je gestresster wir uns fühlen, umso schwerer fällt es uns, flexibel zu reagieren. Uns gehen die Zwischentöne verloren, die Feinabstimmung fehlt und wir greifen auf rigide Verhaltensmuster zurück. Entweder Rückzug und Vermeidung oder Vollgas. Noch mehr arbeiten, noch schneller die Dinge erledigen, bis der Akku leer ist. Kompetenzen, die uns sonst zur Verfügung stehen, sind für uns in dieser Situation nicht zugänglich. Der Autopilot arbeitet.*

WER BIN ICH
UND WENN JA, WIE VIELE?

Stellen Sie sich vor, Sie sind zu einer kleinen Party eingeladen. Ein Teil von Ihnen würde gern hingehen, um alte Freunde zu treffen und sich endlich mal wieder zwanglos zu unterhalten. Ein anderer Teil ist zögerlich, da genau in dieser Woche bereits ein Termin den anderen jagt und Ihnen bereits alles zu viel zu werden droht. Sie fühlen sich hin- und hergerissen und wissen nicht, was Sie machen sollen. Und irgendwann meldet sich ein weiterer Teil, nämlich Ihr schlechtes Gewissen, das sagt: »Stell dich doch nicht so an, du musst deinen Freunden endlich Bescheid geben, ob du nun kommst oder nicht.«

VIELE SEELEN IN EINER BRUST

In der Psychologie gibt es viele Vorstellungen und Theorien darüber, dass unser Seelenleben von unterschiedlichen Anteilen bestimmt wird. Bereits Sigmund Freud unterteilte die menschliche Seele in Es, Ich und Über-Ich. Der Gesprächspsychotherapeut Friedemann Schulz von Thun spricht von einem »inneren Team« und der Familientherapeut Richard Schwartz von einer »inneren Familie«, die unser Seelenleben bestimmt. Fakt ist: Unser alltägliches Denken und Handeln wird von verschiedenen inneren Anteilen bestimmt.

Wir können sie entdecken, indem wir unsere Gedanken und Gefühle bewusst wahrnehmen. Wenn Sie Sätze wie diese zu sich sagen: »Mach hin! Beeil dich!«, dann spricht da gerade Ihr innerer Antreiber. Vielleicht bemerken Sie auch eine Stimme, die gern so etwas sagt wie: »Wenn du so dick bist, wird dich nie jemand mögen!« Das wäre der innere Kritiker. Er kann in einzelnen Situationen auftreten oder fortwährend Ihr Leben begleiten.

Natürlich gibt es eine Menge angenehmer innerer Anteile. Aber in diesem Buch möchte ich auf die Anteile eingehen, die uns das Leben unnötig schwer machen. Sie werden dabei viele Möglichkeiten kennenlernen, dieses seelische Leid deutlich zu reduzieren.
Das Wirksame an der Idee der inneren Anteile besteht darin, dass wir die Fähigkeit, uns in andere hineinzuversetzen, für uns selbst gebrauchen. Normalerweise nutzen wir Empathie und kommunikative Fähigkeiten im Umgang mit anderen. Sie werden in diesem Buch erfahren, wie Sie diese Qualitäten auf sich selbst und die einzelnen inneren Anteile beziehen können. Sie lernen diese inneren Anteile kennen und verstehen – so wie andere Personen, die Sie anfangs vielleicht nicht mögen, die Ihnen mit der Zeit aber sympathischer werden. Klingt noch nicht vorstellbar? Das mag anfangs so sein – doch es ist der beste Weg zu mehr Zufriedenheit und ungebremster Kraft. Wenn Sie Verständnis für Ihre inneren Anteile entwickeln, können Sie besser nachvollziehen, warum sie sich auf ihre Weise verhalten, und nach und nach darauf Einfluss nehmen.

Mitbewohner im eigenen Kopf?

Oft werde ich von Klienten gefragt, ob es den inneren Kritiker wirklich gibt. Ja und nein. Natürlich gibt es nicht ein kleines Männchen oder Frauchen in uns, das mit erhobenem Zeigefinger mit uns schimpft. Es handelt sich vielmehr um einen Ansatz, mit dem wir versuchen, das psychische Geschehen besser zu verstehen und uns automatisch ablaufende psychische Prozesse bewusst zu machen. Wir stellen uns diese inneren Stimmen, Impulse und Erlebensmuster daher als Anteil unserer Persönlichkeit vor, wie innere Personen mit sehr unterschiedlichen Funktionen, Absichten, Gefühlen, Bedürfnissen und Strategien und einer je eigenen Entstehungsgeschichte.

PERSÖNLICHE ERFAHRUNGEN

Die innere Schutzmauer

Sandra erzählte vor drei Jahren unter Tränen, dass sich ihr Freund völlig überraschend von ihr getrennt habe. So etwas habe sie noch nie erlebt, immer sei bislang sie es gewesen, die die Partner verlassen habe. Sie wisse gar nicht, wie sie damit umgehen solle… Sandra ist heute immer noch Single und sagt: »In mir ist so eine Seite, die mich bremst, mich auf eine neue Partnerschaft einzulassen. Ich glaube, ich habe Angst, noch einmal so verletzt zu werden.«

Die junge Frau erlebt einen schützenden, bremsenden Anteil, der sie vor dem Verlassenwerden schützen will. Gleichzeitig leidet sie unter dem Alleinsein und wünscht sich sehr, sich wieder verlieben zu können. Sie hat nicht als Kind, sondern als Erwachsene eine Bewältigungsstrategie und damit einen inneren Anteil entwickelt, der in einer bestimmten Phase ihres Lebens hilfreich war, nun aber zu stören beginnt.

KLEINE »UNTERMIETER«

Sie können sich den inneren Kritiker und andere innere Anteile tatsächlich wie kleine Personen vorstellen, die Ihr Denken und Fühlen bestimmen. Wenn der innere Antreiber aktiv wird und sagt: »Du musst noch dringend aufräumen und den Elektriker anrufen«, dann macht sich eine gewisse Unruhe breit, bis wir endlich die Dinge erledigt haben, die der Antreiber von uns fordert. Er kann sehr nützlich sein, aber manche dieser Anteile übertreiben es – und dann wird es kritisch. Diese »Personen« in uns vertreten verschiedene seelische Anliegen, sie wollen uns etwas sagen, uns einen Impuls zum Handeln geben oder uns davon abhalten, etwas zu tun, was sie für ungünstig halten. Lernen wir ihre Absichten kennen, können wir sie uns zu Freunden machen.

Wenn Sie einen negativen Umgang mit sich selbst entdecken, dann ist das nur halb so schlimm. Im Gegenteil: Eine solche Erkenntnis ist der erste Schritt auf dem Weg zu einer positiven Veränderung. Machen Sie sich bewusst, dass dieses Verhalten nicht für immer und ewig so bleiben muss. Denn Sie haben nicht nur diese schwierigen, bremsenden und Ärger machenden Anteile, sondern noch eine weitere Kraft: In jedem von uns schlummert nämlich auch ein System der Selbstfürsorge – und diese Ressourcen und Fähigkeiten wollen wir mit diesem Buch aktivieren. Sie können lernen, innere Kraftquellen nicht nur für andere, sondern auch für sich selbst zu nutzen. Damit können Sie Ihre Strategien zur Bewältigung schwieriger Umstände positiv verwandeln.

PERSÖNLICHE ERFAHRUNGEN

Gefühlte Unterlegenheit

Ina ist 43. Sie hat sich aus eigener Kraft hochgearbeitet, auf dem zweiten Bildungsweg das Abitur nachgemacht, eine Ausbildung als Ergotherapeutin absolviert, sich weitergebildet und jetzt berät sie seit zwei Jahren soziale Einrichtungen. Sie hat viel Berufserfahrung und insgesamt einfach eine Menge erreicht in ihrem Leben.

Trotz alldem sitzt sie ratlos in meinem Büro und erzählt: »Immer wenn mich jemand kritisiert, dann geht mir das sehr zu Herzen. Ich fühle mich dann wie ein verletzliches kleines Kind. Ich habe das Gefühl, aus meiner professionellen Rolle zu fallen und sehr nachgiebig zu werden. Mir fällt es umso schwerer, mich zu behaupten, wenn der andere studiert hat und ich das Gefühl habe, er weiß viel mehr als ich und ist intelligenter. Ich fühle mich dann unterlegen und versuche, es dem anderen recht zu machen. Wenn mir so etwas in einem Seminar passiert ist, dann beschimpfe und verurteile ich mich selbst dafür.«

ENTTARNEN SIE IHRE INNEREN FEINDE

Vermutlich wissen Sie selbst sehr gut, wie Sie sich das Leben manchmal schwer machen. Wir alle haben aber auch unsere blinden Flecke. Wenn unsere wunden Punkte getroffen werden, reagieren wir oft automatisch. Das heißt, viele der inneren Denk- und Reaktionsmuster, die mit Selbstsabotage zu tun haben, laufen ganz von allein ab. Sie sind uns oft nur ansatzweise bewusst. Vielleicht haben Sie auch manche Ihrer inneren Quertreiber noch gar nicht bemerkt. Ein Test legt sie offen.

REFLEXION

Der große Test

In diesem Test können Sie die häufigsten und wichtigsten inneren Saboteure kennenlernen und herausarbeiten, inwieweit sie in Ihnen wirken. Beantworten Sie die folgenden Aussagen möglichst spontan. Geben Sie einfach an, welche dieser Sätze und Gedanken auf Sie persönlich zutreffen. Tragen Sie jeweils eine Zahl zwischen 0 und 4 ein.

4 *Punkte: stimmt genau*
3 *Punkte: stimmt weitgehend*
2 *Punkte: stimmt ein bisschen*
1 *Punkt: stimmt eher nicht*
0 *Punkte: stimmt überhaupt nicht*

Anteil 1:	0	1	2	3	4
Ich beschimpfe mich selbst.	☐	☐	☐	☐	☐
Ich bin schnell enttäuscht von mir selbst.	☐	☐	☐	☐	☐
Ich denke oft, dass ich meine Selbstkritik verdient habe.	☐	☐	☐	☐	☐
Ich erinnere mich oft an meine Fehler und grüble darüber nach.	☐	☐	☐	☐	☐
Ich kann keine Fehler und Rückschläge ertragen, ohne niedergeschlagen zu sein.	☐	☐	☐	☐	☐
Ich vergleiche mich oft mit anderen.	☐	☐	☐	☐	☐
In Gedanken gehe ich oft meine Probleme und Fehler durch.	☐	☐	☐	☐	☐
In mir gibt es eine Seite, die mir sagt, ich bin nicht gut genug.	☐	☐	☐	☐	☐
Über Fehler der Vergangenheit grüble ich viel nach.	☐	☐	☐	☐	☐

Anteil 2:	0	1	2	3	4
Ich bringe meine Aufgaben oft nur schwer zu Ende, weil ich so hohe Ansprüche an das Ergebnis stelle.	☐	☐	☐	☐	☐
Ich bin ständig auf Achse, eine Pause zu machen fällt mir schwer.	☐	☐	☐	☐	☐
Ich fühle mich oft getrieben und unter Druck.	☐	☐	☐	☐	☐
Ich muss besser oder schneller sein als die anderen.	☐	☐	☐	☐	☐
Ich sage oft zu mir selbst: »Mach schneller! Mach vorwärts!« oder ich ermahne mich: »Du musst dich beeilen« oder »Streng dich an!«	☐	☐	☐	☐	☐
Ich versuche oft, mehr zu leisten, als gefordert ist.	☐	☐	☐	☐	☐
Ich verwende oft mehr Zeit für Projekte und Aufgaben, als nötig wäre, um sie so gut wie irgend möglich zu erledigen.	☐	☐	☐	☐	☐
Ich zwinge mich, hart zu arbeiten, um meine Ziele zu erreichen.	☐	☐	☐	☐	☐
Wenn ich etwas mache, dann mache ich es auch gründlich.	☐	☐	☐	☐	☐

Fortsetzung auf Seite 22

Fortsetzung von Seite 21

Anteil 3:	**0**	**1**	**2**	**3**	**4**
Harmonie ist für mich das Wichtigste.	☐	☐	☐	☐	☐
Ich fühle mich dafür verantwortlich, dass andere sich wohlfühlen.	☐	☐	☐	☐	☐
Ich kann ganz schwer Nein sagen.	☐	☐	☐	☐	☐
Ich möchte mir wichtige Menschen glücklich machen.	☐	☐	☐	☐	☐
Ich möchte es möglichst allen recht machen.	☐	☐	☐	☐	☐
Ich tue oft Dinge für andere, die mir eigentlich zu viel sind.	☐	☐	☐	☐	☐
Mir fällt es schwer, mich durchzusetzen oder andere zu kritisieren.	☐	☐	☐	☐	☐
Oft bleiben meine Bedürfnisse auf der Strecke.	☐	☐	☐	☐	☐
Mir fällt es schwer, die Erwartungen anderer mal nicht zu erfüllen.	☐	☐	☐	☐	☐

Anteil 4:	**0**	**1**	**2**	**3**	**4**
Bei alltäglichen Schwierigkeiten male ich mir im Kopf oft die schlimmsten Katastrophen aus.	☐	☐	☐	☐	☐
Um mich abzusichern, komme ich oft vom Hundertsten ins Tausendste.	☐	☐	☐	☐	☐
Ich mache mir oft mehr Gedanken und Sorgen über die Zukunft, als letztlich notwendig wäre.	☐	☐	☐	☐	☐
Ich male mir oft schlimme Dinge aus, die mir oder anderen passieren könnten.	☐	☐	☐	☐	☐
Ich stresse mich oft selbst durch sorgenvolle Gedanken über die Zukunft.	☐	☐	☐	☐	☐
Ich tue viele Dinge, um mich abzusichern und eventuell mögliche Schwierigkeiten zu vermeiden.	☐	☐	☐	☐	☐
Oft male ich mir sehr negative Konsequenzen für die Zukunft aus.	☐	☐	☐	☐	☐
Oft denke ich: »Oh, wie furchtbar, wie schrecklich, wie schlimm!«	☐	☐	☐	☐	☐
Um gut vorbereitet zu sein, gehe ich erst einmal alles durch, was schieflaufen könnte.	☐	☐	☐	☐	☐

Anteil 5:

Anteil 5:	0	1	2	3	4
Angst zu haben ist schlecht.	☐	☐	☐	☐	☐
Bei schwierigen Aufgaben überkommt mich oft ein Gefühl der Energielosigkeit.	☐	☐	☐	☐	☐
Ich ertappe mich häufig dabei, dass ich viel mehr Zeit im Internet oder vor dem Fernseher verbringe, als ich eigentlich will.	☐	☐	☐	☐	☐
Ich muss mich gut fühlen, bevor ich eine wichtige Aufgabe erledige.	☐	☐	☐	☐	☐
Ich schiebe oft Dinge vor mir her.	☐	☐	☐	☐	☐
Ich versuche alles, um Angst oder andere negative Gefühle zu vermeiden.	☐	☐	☐	☐	☐
Mir fällt es oft schwer, mit einer Aufgabe anzufangen.	☐	☐	☐	☐	☐
Unangenehmen Situationen gehe ich eigentlich lieber aus dem Weg.	☐	☐	☐	☐	☐
Wenn ich negative Gedanken oder Gefühle habe, ist das ein Zeichen, dass etwas mit mir nicht in Ordnung ist.	☐	☐	☐	☐	☐

Auswertung

Zählen Sie nun die Punkte in den einzelnen Kategorien zusammen:

Punkte für Anteil 1:	Punkte für Anteil 2:
Punkte für Anteil 3:	Punkte für Anteil 4:
Punkte für Anteil 5:	

Je höher Ihre Punktzahl in den einzelnen Kategorien ist, desto ausgeprägter ist der jeweilige Saboteur. Was sich hinter jedem einzelnen verbirgt, erfahren Sie im folgenden Kapitel. Und hier sind die Namen der Anteile:

Anteil 1: Innerer Kritiker	Anteil 2: Innerer Antreiber
Anteil 3: Harmoniesüchtiger	Anteil 4: Katastrophisierer
Anteil 5: Vermeider	

Fünf typische Feinde

Wer sind sie und was wollen sie, diese schwierigen inneren Anteile? Die wichtigsten unter ihnen lernen Sie jetzt genauer kennen. Damit schwindet ihre unheimliche Macht bereits zu einem guten Teil. Denn was man kennt, braucht man schon weniger zu fürchten.

DER INNERE KRITIKER

Vielleicht kennen Sie diese Situation: Sie stehen vor den Regalen im Supermarkt und suchen verzweifelt nach Ihrem Einkaufszettel. Da meldet sich eine innere Stimme: »Schon wieder vergessen! Warum schreibst du überhaupt einen Zettel? Das passiert auch nur dir. Wie konntest du nur so dumm sein und ihn zu Hause liegen lassen?« Der innere Kritiker hat sich zu Wort gemeldet.
Die Situation ist so schon unangenehm genug. Und nun kommt auch noch diese bewertende, uns manchmal auch beschimpfende Stimme hinzu, die keine Rücksicht darauf nimmt, dass wir in unserem komplexen Alltag auch einmal etwas vergessen. Der innere Kritiker kennt nur Richtig und Falsch, und wenn wir seine Standards nicht erfüllen, dann wird er ärgerlich.

»DU MACHST ABER AUCH NICHTS RICHTIG!«

Es kann sein, dass Ihr Kritiker Ihr Äußeres kommentiert: »Bist du wieder verpickelt!« »Du bist viel zu dick, so mag dich keiner!« Am liebsten kommentiert er unser Verhalten, vor allem wenn wir einen Fehler gemacht haben. Das heißt, er greift uns genau dann an, wenn wir eigentlich Unterstützung oder Trost bräuchten. Und er spekuliert gern darüber, was wohl andere über uns denken.
Durch seine Kommentare schafft er es, uns zu verunsichern und uns die Laune vollends zu verderben. Er sagt uns, dass wir nicht gut genug sind, nicht hübsch genug, nicht intelligent genug. Wir müssen uns mehr anstrengen, und wenn wir das tun, ist es ihm auch nicht recht. Ein Klient von mir arbeitet als Schauspieler. Wenn es ihm gelingt, eine

Rolle gut zu spielen oder an einem wichtigen Theaterprojekt mitzuwirken, schimpft schnell eine innere Stimme, dass er sich ja nicht so wichtig nehmen soll. Was er auch tut, er kann es nicht richtig machen.

IMMER WIEDER VERGLEICHE

Unser Kritiker beschäftigt sich sehr gern damit zu vergleichen. Wir besuchen Freunde und da fällt ihm auf: »Die haben ein schöneres Haus und er verdient auch noch deutlich mehr Geld. Was machst du nur falsch?!« Wir fahren mit dem Gefühl nach Hause, dass unser Leben nicht ganz in Ordnung ist. Selbst bei schönen Ereignissen kann er uns die Laune verderben. Ein Bekannter hat mich letztens auf eine besonders gemeine Strategie seines inneren Kritikers hingewiesen. Er macht es ihm zum Vorwurf, wenn er sich selbst kritisiert: »Schon wieder kritisierst du dich. Du weißt doch, dass das nichts bringt. Du stellst dich einfach zu blöd an!«

Böse Verallgemeinerungen

Ein gemeiner Trick unseres Kritikers besteht darin, nicht nur unser Verhalten zu beurteilen, sondern unsere ganze Person abzuwerten. Dann haben wir nicht nur einen Fehler gemacht, sondern wir sind der Fehler. Er schafft es, dass aus der Unordnung im Kleiderschrank oder aus den schlechten Noten der Tochter ein Selbstwertproblem wird. Für eine kleine Fehlleistung wie das Zu-spät-Kommen zu einer Besprechung kann uns unsere innere kritische Stimme heftig beschimpfen: »Du bist einfach nicht zuverlässig! Was die anderen jetzt wohl wieder über dich denken! Das ist das Letzte, andere warten zu lassen!« Ein Klient von mir gibt zu, dass er über jede rote Ampel fahren würde, um nicht zu spät zu wichtigen Terminen zu kommen. Er könne die ätzenden Kommentare seines inneren Kritikers einfach nicht ertragen.

REFLEXION

Ihre Angriffspunkte

Nehmen Sie sich für einen Moment Zeit und überlegen Sie, in welchen Lebensbereichen Ihr innerer Kritiker am liebsten aktiv wird. Was sind Ihre wunden Punkte, wann wird die Selbstkritik besonders stark? Notieren Sie sich diese Themen, vielleicht in einem Tagebuch, das Sie im Alltag begleitet, während Sie dieses Buch lesen.

Er ist in einem Teufelskreis der Selbstkritik gefangen. Mein Bekannter ist davon überzeugt, dass er sich nur durch Selbstkritik ändern kann, dies gelingt ihm aber immer nur kurz und er fühlt sich dabei sehr schlecht und extrem unter Druck.
Ob im Persönlichen, in der Partnerschaft, bezüglich des Wohnortes oder unserer Art zu arbeiten – der Kritiker kann an allem herumnörgeln. Für unsere wunden Punkte hat er feine Antennen. Wenn wir von unseren Eltern oft gehört haben, dass wir nicht hübsch genug sind oder zu langsam, dann drückt er genau diese Knöpfe.

DIE FUNKTION DES KRITIKERS

Es stellt sich die Frage, wie dieser unangenehme Begleiter so viel Macht über uns gewinnen konnte. Seine schädlichen Wirkungen sind so offensichtlich. Er entwertet uns als Person und beschäftigt sich mit nichts anderem als unseren persönlichen Verfehlungen und Unzulänglichkeiten. Er greift uns durch seine Kritik emotional an. Wir geraten ins Grübeln und kreisen immer wieder um die ähnlichen Inhalte und

Situationen, ohne uns mit Lösungen oder Veränderungen beschäftigen zu können. Grübeln und Selbstkritik lösen Stress aus und können bis in die Depression führen. Und wir nehmen all diese schädlichen Wirkungen in Kauf und hören auf diesen inneren Kritiker, weil wir glauben, dass wir ohne ihn schutzlos wären.

Tatsächlich hat er eine Funktion: Durch ihn glauben wir zu wissen, was richtig und falsch sei. Wir denken, wenn wir nicht auf ihn hören würden, dann würden uns die anderen tatsächlich nicht mehr lieben. Es fühlt sich manchmal so an, als ob wir uns vorsichtig über einen frisch zugefrorenen See bewegen. Wir wissen nicht genau, ob das Eis trägt. Mit jedem Schritt müssen wir aufpassen, nicht einzubrechen. Jeder Schritt kann zu einem Fehltritt werden. Der Kritiker warnt uns: »Pass auf, das Eis ist dünn!« Wir sind innerlich alarmiert, wir versuchen, uns zu kontrollieren. Wir haben Angst, dass alles schrecklich schiefgeht. Dabei übersehen wir, dass das Maß, in dem der Kritiker seine Funktion erfüllt, längst aus dem Gleichgewicht geraten ist. Das zu bemerken ist ein wichtiger Schritt auf dem Weg zur inneren Freiheit.

REFLEXION

Was will Ihr Kritiker?

Angenommen, Ihr Kritiker ist nicht einfach nur bösartig, sondern verfolgt ein Ziel, das letztlich gut für Sie ist: Wovor will er Sie warnen? Wovor will er Sie möglicherweise beschützen? Welche Gründe könnte er für seine ewige Nörgelei haben? Welche positive Absicht könnte hinter all diesen Vorwürfen und Bewertungen stecken?

DER INNERE ANTREIBER

Überraschenderweise hatte ich heute eine Stunde frei, ein Klient hatte abgesagt und die Kinder waren noch nicht zu Hause. Obwohl ich eine Stunde Erholung gut vertragen hätte, meldete sich sofort eine innere Stimme, die mir sagte, wie ich diese Zeit effizient nutzen könnte und welche Telefonate und E-Mails dringend beantwortet werden sollten. Und wenn ich mich beeile, könnte ich auch schon den Einkauf, den ich für morgen geplant habe, erledigen … Ich ertappte mich dabei, mich innerlich getrieben zu fühlen, obwohl ich das Geschenk einer freien Stunde erhalten hatte. Mein innerer Antreiber war aktiv geworden.

ALLES AUF EINMAL

Wenn es uns nicht gelingt, solchen Einreden zu widerstehen, geben wir Gas. Unser Antreiber hat eine endlose To-do-Liste, sobald eine Aufgabe erledigt ist, kommt der nächste Auftrag. Druck macht sich breit.
Wir haben das Gefühl, tausend Dinge erledigen zu müssen. Und wenn wir denken, es geschafft zu haben, und uns ausruhen wollen, meldet sich das schlechte Gewissen. Denn es gäbe so viel mehr zu tun.
Viele Menschen klagen, dass sie sich ständig gehetzt fühlen, und das nicht nur am Arbeitsplatz, sondern auch in der Freizeit. Unser Leben ist so komplex, wir wollen viele berufliche und private Anliegen unter einen Hut bringen. Um noch mehr leisten zu können, versuchen wir, mehrere Aufgaben gleichzeitig zu erledigen, zum Beispiel telefonieren und E-Mails schreiben. Das aber verstärkt das Gefühl des Getriebenseins. Multitasking ist das neue Schlagwort der Beschleunigung.
Wenn wir nicht genügend Zeit haben, unseren dicken Aufgabenkatalog abzuarbeiten, tun wir eben mehrere Dinge gleichzeitig.

Allen Anforderungen versuchen wir
gerecht zu werden.
Wir fühlen uns dabei wie im Hamsterrad.

Haben Sie je erlebt, dass Ihr innerer Antreiber zufrieden war und gesagt hat: »Okay, du hast sehr viel gearbeitet, du kannst dich jetzt entspannt zurücklehnen und die Sonne genießen«? Wohl kaum. Meistens können wir durch noch mehr und noch schnelleres Tun den Antreiber nicht beruhigen. Je mehr wir uns bemühen, umso mehr fordert er.

Es ist ein Wert unserer Leistungsgesellschaft, schnell und effizient zu sein und das Maximum aus sich herauszuholen. Schon unsere Kinder werden über die PISA-Studie mit finnischen, chinesischen oder philippinischen Kindern verglichen. Sie sollen zu den Schnellsten und Besten der Welt gehören, sonst haben sie später kaum Chancen. Also chauffieren wir sie nach der Ganztagsschule zum Sprach- und Musikunterricht. Wir wollen uns nicht vorwerfen, nicht alles getan zu haben.

DIE FALLE DES PERFEKTIONISMUS

Antreiber haben unterschiedliche Steckenpferde. Für die meisten sind Effizienz und Geschwindigkeit wichtig. Das Ziel sollte so schnell wie möglich erreicht werden, wie man dahinkommt, ist völlig egal. Ob man sich dabei überarbeitet, erschöpft und überfordert, wird vom inneren Antreiber nicht bemerkt.

Manche dieser Antreiber haben perfektionistische Ansprüche, dann sollte die Aufgabe fehlerfrei, sehr ordentlich, absolut sauber, eben perfekt erledigt werden. Perfektionismus wird als ein zwanghaftes Bedürfnis definiert, die eigenen Ziele zu erreichen und auf keinen Fall

hinter selbst gesteckten Idealen und Vorstellungen zurückzubleiben. Dahinter steht oft der Druck, auf andere Menschen besonders liebenswert und anerkennenswert wirken zu wollen. Durch eine perfekte Leistung sollen Kritik und Zurückweisung vermieden werden.
Dies kann dazu führen, dass manche Tätigkeiten sehr lange dauern oder gar kein Ende finden, weil die Hausarbeit noch nicht fehlerfrei scheint oder das Geburtstagsgeschenk noch nicht gut genug ist. Es bleibt ein diffuser Druck, der weiter zur Perfektion treibt. Die Hausarbeit wird in der Nacht vorm Abgabetermin noch einmal überarbeitet und das Geburtstagsgeschenk wird erst nach vielen vergeblichen Kaufbemühungen, Internetrecherchen und Beratungen in letzter Minute gekauft. Perfekt oder wertlos, dazwischen gibt es nichts.

REFLEXION

Was meint Ihr innerer Antreiber?

Welche Themen hat Ihr innerer Antreiber? Was sagen Sie zu sich selbst, wenn Sie sich antreiben? Geht es um Schnelligkeit, Effizienz oder das Ideal des unentwegten Leistens? Darum, die Dinge perfekt zu machen? Wann bemerken Sie Ihren Antreiber besonders stark: zu Hause, an Ihrem Arbeitsplatz oder in Gegenwart bestimmter Menschen?
Und wenn Sie noch einen Schritt weitergehen wollen: Könnte es sein, dass Ihr innerer Antreiber eine Funktion für Sie hat? Dass er Sie auf etwas hinweisen oder vor etwas Unangenehmem bewahren will? Vielleicht ist er dabei nur etwas zu übereifrig. Was könnte seine ursprüngliche Aufgabe sein, die er in Ihrem Sinne erfüllt?

DER KATASTROPHISIERER

Dies ist ein dramatischer Zeitgenosse. Haben Sie eine wichtige Aufgabe am Arbeitsplatz nicht erledigt, ein Kritikgespräch mit Ihrem Vorgesetzten oder Ihr Kind schreibt in Mathe schlechte Noten, dann kann es sein, dass Sie in Panik geraten. Diese eigentlich eher alltäglichen Ereignisse sind für Sie dann furchtbar, schrecklich oder gar katastrophal. Sie malen sich aus, was in der Zukunft alles Schlimmes passieren wird, und Angst macht sich breit.

MÜCKEN – UND ELEFANTEN

Sorgen beschäftigen sich mit zukünftigen Gefahren. Wenn diese als wahrscheinlich eingeschätzt werden, entsteht Angst. »Wie furchtbar, mein Kind ist nicht gut in Mathe! Wird es die höhere Schule schaffen? Wird es einen guten Job bekommen? Mein Kind wird es schwer haben im Leben. Furchtbar!« Aus einer Mücke wird ein Elefant. Rasch malen wir uns gedanklich eine Kette von Ereignissen aus, an deren Ende ein schlimmes Ergebnis steht, das wir unbedingt verhindern müssen.

»Mein Leben wurde ständig von Missgeschicken bedroht, von denen die meisten niemals eintraten.«

MARK TWAIN

Wir denken nicht mehr sachlich und mit Abstand über die Probleme des Alltags nach. Nein, wir sind innerlich verstrickt in unsere Gedankenketten und malen uns die schlimmsten Dinge aus, die uns oder anderen Menschen passieren könnten. Arbeitsplatzverlust und Verarmung. Schlimme Krankheiten. Entführung der Kinder. Verlust des Ansehens und der Kontakte. Alle inneren Alarmglocken läuten, die Gedanken drehen sich bald nur noch um die vermeintliche Katastrophe. Es ist dann schwer, zur Ruhe zu kommen. Vielleicht wachen wir auch nachts auf und denken über kommendes Unheil nach.

Wir befinden uns im Alarmzustand. Es geht nicht darum, ein sachliches Problem zu lösen, es geht ums nackte Überleben. Wenn wir so etwas erfahren, ist unser innerer Katastrophisierer aktiv. Auch er kennt keine Zwischentöne, er kennt nur Schwarz oder Weiß. Ein unangenehmes Ereignis kann dazu führen, dass diese Alarmsirene angeht.

NUR EIN ENTGLEISTER WARNER

Eigentlich verfolgt auch diese Seite in uns eine gute Absicht. Der Katastrophisierer will uns vor Gefahren warnen, er will uns schützen. Leider tut er das auf eine dramatische Weise. Er bewertet alltägliche

Bare Münze

Gehirn und Organismus können nicht zwischen dem unterscheiden, was real in der äußeren Welt passiert, und dem, was wir uns vorstellen. Daher werden durch innere Bilder und Gedanken genauso Stressreaktionen ausgelöst wie durch wirkliche Gefahren. Auch beim Fernsehen passiert das. Es genügt also, sich Schreckensszenarien auszumalen, um im Körper Alarm auszulösen. Das ist Stress pur – und schädlich für die Gesundheit.

REFLEXION

Was meint Ihr Katastrophisierer?

In welchen Lebensbereichen und Situationen tritt Ihr Katastrophisierer erfahrungsgemäß auf den Plan? Wann kommen Ihnen sehr schnell Bewertungen wie »furchtbar« oder »katastrophal« in den Sinn, obwohl es um Alltägliches geht? Und was könnte das verborgene Gute sein, das dieser Anteil – nur ein bisschen übertrieben – für Sie will?

Ereignisse und Fehlleistungen, die nicht in seinem Sinne sind, gleich als Katastrophe. Es gibt Flutschäden, Hungersnöte und Flugzeugabstürze – das sind wirkliche Katastrophen. Das Nichteinhalten einer Abgabefrist, das anstehende Gespräch mit dem Vorgesetzten, die schlechten Noten des Kindes hingegen können unangenehm oder auch verunsichernd sein, aber noch lange nicht katastrophal.

Viele Menschen sind der Überzeugung, dass es gut ist, sich erst einmal das Schlimmste auszumalen, um dann besser auf schwierige Situationen vorbereitet zu sein. In der Psychologie wird das als positive Metakognitionen bezeichnet: Wenn wir also positiv über das Sich-Sorgen denken und uns etwas vom Sorgenmachen versprechen, dann ist es viel wahrscheinlicher, dass Sorgen auftreten. Der Katastrophisierer wird viel leichter aktiv und malt seine Negativbilder an die Wand. Ein Lebensgefühl ständiger Unsicherheit und Bedrohung entsteht, was natürlich nicht angenehm ist. Negativgedanken und Stresssymptome häufen sich und die schönen Dinge des Lebens, die positiven Gelegenheiten werden gar nicht mehr genutzt, da man wie durch einen Filter überall Gefahren sieht.

DER HARMONIESÜCHTIGE

»Mein Vorgesetzter spricht mich wegen einer zusätzlichen Aufgabe an. Eigentlich habe ich schon genug auf dem Tisch. Aber ich sage dann zu mir: Die anderen haben ja auch viel zu tun. Und so übernehme ich die Aufgabe.« »Beim Elternabend wurden Freiwillige für das Sommerfest gesucht. Ich hatte mir eigentlich vorgenommen, diesmal nicht mehr so viele Jobs zu übernehmen. Aber es ist wie verhext: Auch diesmal habe ich zugesagt, einen Kuchen zu backen und den ganzen Samstag an der Tombola zu stehen.« »Zu Hause mache eigentlich ich das allermeiste. Fordere ich von den anderen etwas ein, gibt es Zank oder sie schmollen. Wenn es nicht harmonisch ist, kann ich das aber ganz schlecht aushalten, dann mache ich die paar Arbeiten lieber, bevor es Streit gibt. Irgendwie mach ich es ja auch gern.«

DER »LIEBE FRIEDEN«

Vielleicht kennen Sie solche Fälle auch. Um den lieben Frieden nicht zu stören, stellen Sie Ihr eigenes Bedürfnis zurück. Sie wollen die anderen nicht kränken oder ihnen gar zur Last fallen. Lieber vorsichtig sein, der andere könnte verletzt sein und sich abwenden. Also tun Sie lieber, was von Ihnen erwartet wird.

Achten Sie einmal darauf, was passiert, wenn Sie eigentlich nicht noch ein Ehrenamt annehmen wollen oder dem Vorgesetzten ärgerlich sagen möchten, dass Sie sich total überlastet fühlen. Bei vielen ertönt dann eine leise Stimme: »Du kannst jetzt den anderen nicht enttäuschen, sonst wendet er sich von dir ab.» Oder: »Was sollen die anderen über dich denken? Dann stehst du allein da.« »Dann mag dich vielleicht keiner mehr.« Der innere Harmoniesüchtige hat sich gemeldet.

Diese innere Stimme meint es eigentlich gut. Sie möchte uns nur davor bewahren, die Liebe und Zuwendung der anderen zu verlieren. Deshalb steht das, was die anderen von uns erwarten, für sie an erster Stelle. Die eigenen Bedürfnisse müssen wir zurückstellen. Manchmal kennen wir sie nicht einmal mehr.

Vielleicht grübeln wir auch öfter darüber nach, was jetzt wohl andere über uns denken. Wenn ein Konflikt mit einer Freundin herrscht, kommt die Harmoniesucht kaum zur Ruhe. Um des lieben Friedens willen stecken wir lieber zurück. »Soll ich besser anrufen, mich wieder melden und alles unter den Teppich kehren?« Herrscht jedoch weiterhin Streit oder unterschwellige Spannung, fällt es dieser Seite von uns extrem schwer, damit umzugehen. Sie macht uns Schuldgefühle und die Gedanken kreisen nur noch um den Konflikt. Es ist kaum auszuhalten. Vielleicht ziehen wir uns zurück und fühlen uns deprimiert. »Du bist verantwortlich. Hättest du nachgegeben und das Geforderte getan, dann wäre alles wieder in Ordnung«, schimpft die innere Stimme.

IMMER DIE »EIGENE SCHULD«

Harmoniesüchtige suchen den Schwarzen Peter immer bei der eigenen Person. Sie sind die »Schuldigen«, sie schämen sich, wenn etwas schiefläuft. Sie stellen sich selbst infrage, wenn der Haussegen schiefhängt. Oft fühlen sie sich wie ein kleines Kind, das von Vater oder Mutter mit Liebesentzug bestraft wird. Dann sind sie keine 37-jährige Frau und kein 41-jähriger Mann mehr, sondern ein zutiefst verletzliches Kind. Viele halten dann beispielsweise das Schweigen in einer Gruppe kaum aus und melden sich als Erste für irgendwelche Aufgaben. Die harmoniesüchtige Seite erklärt ihnen, dass sie für das Wohlergehen aller verantwortlich sind.

Vielleicht sagt dieser Anteil auch: »Sei froh, dass du so einen Partner abbekommen hast. Jetzt musst du auch alles tun, um ihm zu gefallen.« Und möglicherweise bemerken Sie dabei auch, wie Sie ständig angestrengt Programm machen, planen, ihn bekochen und so weiter. Dass wir einfach so in Ordnung sind, wie wir sind, kommt dieser Stimme nicht in den Sinn. Es fühlt sich so an, als ob wir erst durch die Bestätigung durch andere »wer« sind. Und so gehen wir zu einem Fest, obwohl wir nicht hinwollen. Deshalb bleiben wir bei einem Partner, obwohl er uns schlecht behandelt. Wir übernehmen zusätzliche Projekte, obwohl wir längst gemerkt haben, dass der Chef unsere Gutmütigkeit ausnutzt.

Wir haben das Gefühl, es tun zu müssen. Wir haben Angst, abgelehnt zu werden, uns allein zu fühlen. Deshalb: Lieber auf Nummer sicher gehen, uns anpassen, Bedürfnisse zurückstellen und das tun, was sich die anderen von uns erhoffen. Irgendwann aber meldet sich der Körper. Wir erlauben uns erst dann, Einladungen abzusagen oder Aufgaben zurückzuweisen, wenn wir eine Erkältung oder Migräne haben. Unser Körper beginnt, Nein zu sagen und sich gegen die Überforderung zu wehren. Wir entwickeln psychosomatische Beschwerden oder Ängste. Erst jetzt wird vielen deutlich, welche eigenen Bedürfnisse sie haben.

REFLEXION

Wie harmoniesüchtig sind Sie?

Bei welchen Themen und in welchen Situationen meldet sich Ihre harmoniesüchtige Seite? Wie reagieren Sie, wenn jemand etwas von Ihnen will, wenn Freiwillige gesucht werden oder Sie glauben, die Erwartungen von jemand Nahestehendem erfüllen zu müssen? Was denken Sie und was fühlen Sie in diesen Situationen?

DER INNERE VERMEIDER

Dies ist der fünfte der wesentlichsten und häufigsten inneren Feinde. Und auch ihn kennt fast jeder. Sie haben eine wichtige Aufgabe zu erledigen, beispielsweise eine Bewerbung fertigzustellen, Ihren Chef auf eine Gehaltserhöhung anzusprechen oder den Keller zu entrümpeln. Doch immer, wenn Sie sich vornehmen, diese Aufgabe anzupacken, fühlen Sie sich plötzlich energielos, als wenn Ihnen jemand »den Stecker gezogen« hätte. Es ist keine Energie mehr da, um mit der Aufgabe zu beginnen. Sie spüren den Drang, etwas anderes zu tun – im Internet zu surfen, jemanden anzurufen oder sogar die Küche aufzuräumen. Eine innere Stimme sagt: »Bloß weg von dieser schwierigen Sache!« Es ist die Stimme des inneren Vermeiders.

AUF NUMMER SICHER

Auch dieser Anteil will Sie beschützen. Im Falle einer Bewerbung will er sie vor einer Kränkung oder Ablehnung bewahren. Vielleicht haben Sie auch schon so viele Bewerbungen versandt, dass Sie es inzwischen als erniedrigend erleben. Ihr innerer Vermeider will Sie vor diesen negativen Gefühlen beschützen.

Es ist für uns sehr wichtig, dass wir gefahrvolle Situationen meiden lernen. Mein Sohn musste früh die schmerzhafte Erfahrung machen, dass die Backofentür sehr heiß werden kann. Er wollte sich mit seinen kleinen Händen daran abstützen und verbrannte sich die Handflächen. Diese Erfahrung war für ihn sehr schmerzhaft und es flossen viele Tränen. Seitdem passt er auf. Er hat gelernt, diese Ofentür zu meiden. Auch aus dem Tierreich ist uns dieser Mechanismus bekannt. Tiere reagieren auf Lärm, Kälte oder Gefahren mit Rückzug.

EIN VERFÄLSCHTER SCHUTZPATRON

In uns gibt es auch diesen Schutzmechanismus, der uns vor unangenehmen Gefühlen und Erfahrungen schützen möchte. Allerdings geht es dabei oft nicht um reale Gefahren, sondern darum, wie uns andere sehen, und um unsere negativen Gedanken und Gefühle, die wir glauben nicht ertragen zu können.

In einer Bewerbungssituation ist es sehr unwahrscheinlich, dass wir körperlich bedroht werden. Die einzige Gefahr besteht darin, dass wir eine unangenehme Zeit durchstehen müssen und danach möglicherweise abgelehnt werden. Wir sind dann konfrontiert mit Gefühlen von Kränkungen, Peinlichkeit und Unsicherheit, vor denen uns der innere Vermeider bewahren möchte. Seine Logik: Wenn wir erst gar nicht zu einem Bewerbungsgespräch gehen, dann müssen wir diese unangenehmen Gefühle ganz sicher nicht ertragen.

NO RISK – NO LIFE

Der Preis der Vermeidung ist sehr hoch, wenn wir uns nur noch in sicheren Bereichen aufhalten. Wir wagen es nicht, den gewünschten Beruf auszuüben, den Menschen anzusprechen, in den wir verliebt sind, das Traumprojekt anzupacken oder das Buch zu schreiben, das wir schon lange schreiben wollten. Der innere Vermeider hat sofort das Risiko im Blick. Er nimmt uns jegliche Energie.

Am offensichtlichsten ist die Vermeidung von Aufgaben, die mit wichtigen Lebenszielen verbunden sind. Wir vermeiden es vielleicht, eine Prüfung abzulegen, weil wir Prüfungsängste haben. Aber nur mit dem Abschluss in der Tasche können wir uns selbstständig machen oder uns für den Traumberuf bewerben. Es kann sein, dass wir es vermeiden, uns von einem Partner zu trennen, der uns nicht guttut, weil er ständig Affären hat oder ein Suchtproblem. Die Vorstellung, allein zu sein, ist für uns so beängstigend, dass wir lieber in der Beziehung verharren. In all solchen Fällen ist unser ängstlicher innerer Vermeider unser Ratgeber – wenig hilfreich auf lange Sicht.

Vermeiden klappt eigentlich gar nicht

Versuche, Unangenehmes zu unterdrücken, wurden von Psychologen intensiv erforscht. Alle Studien kommen zu demselben Ergebnis: Je mehr wir versuchen, unerwünschte Gedanken oder Gefühle zu unterdrücken, desto stärker werden sie. Teilnehmer eines Versuches hatten beispielsweise die Aufgabe, fünf Minuten lang nicht an einen Eisbär zu denken und alle anderen Gedanken zu berichten. Sobald der Gedanke an einen Eisbär auftauchte, sollten sie mit einem Glöckchen klingeln. Die Glöckchen erklangen fast ununterbrochen.
In einer zweiten Studie sollten die Teilnehmer fünf Minuten lang aktiv an einen Eisbären denken und dabei wieder berichten, welche Gedanken ihnen durch den Kopf gehen. Auch hier sollten sie klingeln, sobald sie an einen Eisbären dachten. Das Glöckchen war viel seltener zu hören.

Was zeigt das Beispiel oben im Kasten? Unser Geist kann mit Negativanweisungen nicht umgehen. Und wenn dieser Effekt schon bei Eisbären entsteht, dann ist klar, dass er noch viel stärker bei emotional besetzten Themen wirkt. »Ich darf jetzt nicht an diesen peinlichen Fehler denken!« Damit ist der peinliche Fehler mit allen Details in unserem Bewusstsein. Besser ist es, sich zu erlauben, an diese Themen zu denken, aber den Geist mit etwas Positivem zu beschäftigen.

GEFÜHLSSTAU

Derselbe Effekt zeigt sich auch im Umgang mit Gefühlen. Wenn Sie ein eigentlich erwünschtes Bewerbungsgespräch vermeiden, wird die Angst vor dieser Situation eher größer. Wenn Sie die Trauer um einen geliebten Menschen nicht zulassen, wenn Sie das Grab nicht besuchen und Orte der Erinnerung vermeiden, wird die Trauer um diesen Menschen aufrechterhalten. Der Schmerz wird nicht verarbeitet.

Wir sind also meist schlecht beraten, wenn wir auf unseren inneren Vermeider hören. Wenn wir immer mehr nicht tun und nicht erleben, weil wir unseren Ängsten glauben, dann hat das oft leidvolle Konsequenzen. Wir leben nur noch in Gewohnheiten und Ritualen, alle Risiken werden vermieden. Und was passiert dann? Wir erreichen wichtige Ziele nicht. Das Leben wird fade und langweilig. Grübeleien und Alltagsroutine bestimmen unsere Tage. Wir beginnen, das Leben selbst zu vermeiden.

Wenn wir uns den unangenehmen Gefühlen stellen, Kränkungen ertragen, Trauer und Verlust verarbeiten und Ängste nach und nach bewältigen, dann reifen wir durch diese Erfahrungen und lernen, immer besser mit den Herausforderungen im Leben umzugehen.

REFLEXION

Was sagt Ihr innerer Vermeider?

Machen Sie sich einmal Ihre Vermeidungsstrategien bewusst. Gibt es wichtige Aufgaben, die Sie zurzeit vor sich herschieben? Dinge, die Sie längst erledigen wollten, weil Sie Ihnen wichtig sind – aber irgendwie kommt immer etwas dazwischen und Sie packen sie nicht an? Gibt es bestimmte Themen, die Sie besonders meiden, weil Sie Angst davor haben, damit nicht umgehen zu können?

Oder sind da vielleicht auch bestimmte Gefühle, die Sie um jeden Preis vermeiden und die deswegen in Ihrem Leben gar nicht mehr vorkommen? Trauer vielleicht oder Wut? Und was, meinen Sie, könnte die gut gemeinte Absicht Ihres inneren Vermeiders sein?

DIE FEINDE KOOPERIEREN

Ein Saboteur kommt selten allein. Der innere Kritiker mag derjenige sein, der am häufigsten auftaucht. Aber er arbeitet beispielsweise gern mit dem inneren Antreiber zusammen. Der Antreiber formuliert die Ideale, die wir erfüllen sollen, und der Kritiker wird aktiv, wenn wir Gefahr laufen, sie zu verfehlen. Beide motivieren uns zu Höchstleistungen und wollen uns davor schützen, dass wir uns blamieren. Tritt unser innerer Kritiker vor allem in sozialen Situationen auf, dann arbeitet er sehr gern mit dem Harmoniesüchtigen zusammen. Beide wollen uns vor Zurückweisung bewahren und die Harmonie im Zusammenleben nicht stören. Ruft Ihr Kritiker: »Schrecklich!«, »Furchtbar!«, hat er sich mit dem Katastrophisierer zusammengetan.

Kritik in Unterstützung wandeln

Wenn Sie den einen oder andern Feind auch in Ihrem Kopf entdeckt haben, befinden Sie sich in guter Gesellschaft. Die meisten Menschen tragen einen oder eher mehrere dieser Anteile in sich. Versuchen wir, sie loszuwerden, Kritiker & Co. zu bekämpfen, dann werden sie erst richtig stark und bestimmen unser Leben umso mehr. Ich möchte Sie auf einen anderen Weg einladen: In den folgenden Kapiteln werden Sie erfahren, wie diese Anteile entstanden sind und welche Funktion sie haben. Sie werden Strategien kennenlernen, konstruktiv mit ihnen umzugehen. Denn wenn Sie für diese ungeliebten Seiten Verständnis entwickeln, werden aus Feinden irgendwann Freunde. Die stehen Ihnen dann mit all ihren Fähigkeiten nicht mehr im Weg, sondern zur Seite.

WIE DER FEIND IM KOPF ENTSTEHT

Alles hat seine Geschichte – so auch unsere inneren Anteile. Wissen wir um ihre Herkunft und ihren Antrieb, dann verstehen wir auch, warum sie so wirken, wie sie wirken. Sie haben uns nicht mehr in der Hand.
Die Frage ist ja: Wie ist es möglich, dass wir Anteile entwickeln, die uns selbst schädigen? Das wäre doch sinnlos. Steckt vielleicht doch ein verborgener Sinn dahinter? Um diese Fragen zu beantworten, möchte ich auf das eingangs erwähnte Beispiel von Claudia zurückkommen, die von ihrem inneren Kritiker besonders oft vorm Spiegel attackiert wird: »Das steht dir nicht! Du siehst furchtbar aus. Blass, verpickelt und zu dick. Richtig aufgedunsen. Da hilft auch keine Schminke und die Hose passt schon gar nicht. So kannst du nicht weggehen!« Claudia fühlt sich wie ein »hässliches kleines Entlein«.
Als ich sie frage, ob sie diese innere kritische Stimme schon länger kennt, sagt sie: »Ja, die kenne ich, seit ich fünf oder sechs bin. Es ist, als ob ich mich durch die Augen meiner Mutter im Spiegel betrachte und ihre kritische Stimme höre. Für sie war ich nie hübsch und schlank genug. Diese Abwertungen sind in diesem Moment die Wahrheit – von keinem Außenstehenden korrigierbar: Ich bin hässlich.«

INTROJEKTION

Das ist der Fachbegriff für das, was hier passiert. So wie uns eine wichtige äußere Bezugsperson behandelt, behandeln wir uns selbst später auch. Wir verinnerlichen deren kritische Stimme. Das ist zunächst ein Schutzmechanismus, denn wenn Kinder darauf achten, es ihren Eltern recht zu machen, werden sie – so ihre Hoffnung – nicht mehr abgelehnt und sogar geliebt. Kinder tun alles, um die Bindung zu den Eltern sicherzustellen, die für sie nahezu allwissend und absolut überlegen sind. Sie wollen von ihnen geschätzt werden. Deshalb übernehmen sie unkritisch ihre Ansichten. Claudia hat von ihrer Mutter übernommen, dass es wichtig ist, ein ansprechendes Äußeres zu zeigen. Es ist wichtig, wie man wirkt. So möchte Claudia für ihre Mutter hübsch sein, um weiterhin von ihr geliebt zu werden.

KINDER HABEN KAUM EINE WAHL

Für Kinder ist es existenziell bedrohlich, von den Eltern nicht geliebt oder gar verlassen zu werden. Denn ohne ihre Liebe und Zuwendung können Kinder nicht leben. Für sie ist die Beziehung zu den Eltern geradezu überlebensnotwendig. Claudia hat in ihrer Situation als Kind einen inneren Beschützer entwickelt, der darauf Wert legt, dass sie gut aussieht und sich schön zurechtmacht. Dieser innere Beschützer hat die Wertvorstellungen der Mutter übernommen und sorgt dafür, die Beziehung zu den Eltern zu sichern.

Auch in Abwesenheit der Mutter spürt sie seither deren kritische Bewertungen. Sie behandelt sich selbst so, wie sie es von ihrer Mutter kannte. Und das bis heute. Dieser innere Beschützer begleitet sie also schon seit vielen Jahren. Inzwischen ist sie 38 und immer noch steht sie vor dem Spiegel und betrachtet sich durch die Augen dieser inneren Instanz. Dann fühlt sie sich wie ein fünfjähriges Mädchen, das sich hübsch machen muss, um die Anerkennung der Mutter zu erwerben.

Wir gehen mit uns selbst heute meist genauso um, wie unsere Eltern es früher taten.

Vom Beschützer zum inneren Feind

Lassen Sie uns am Beispiel von Claudia den Weg von einem inneren Beschützer zu einem Feind im Kopf nachverfolgen. Bei ihr geht es vorrangig um das Thema der äußeren Erscheinung, des Schlankseins und der Kleidung:

1. Claudia war ein fröhliches Kind mit zerzausten Haaren und verschmutztem T-Shirt. Ihr ist ihr Äußeres nicht so wichtig, Hauptsache, sie fühlt sich wohl beim Spielen. Die kleine Claudia genießt das Leben.

2. Doch die Mutter schimpft viel mit ihr. Vor allem wenn sie zu viel isst und wenn sie nicht hübsch genug aussieht. Für die Mutter ist Attraktivität sehr wichtig, sie selbst gibt sich viel Mühe mit ihrem Aussehen und ihre Tochter soll sich auch wie ein »niedliches Mädchen« verhalten.

3. Claudia fühlt sich abgelehnt und wertlos. Sie verinnerlicht, was die Mutter über sie denkt: »Ich bin nicht in Ordnung. Ich bin hässlich.« In ihr entsteht ein innerer Anteil, der die Mutter wiederholt: »Du musst schlank sein und gut aussehen, dann bist du liebenswert.« Dieser innere Anteil beschützt sie vor der Kritik der Mutter und sichert die Beziehung. Er hilft ihr, sich beim Essen zu kontrollieren, und er erinnert sie daran, dass sie einfach nur hässlich aussieht, wenn sie zu viel wiegt oder nachlässig gekleidet ist. Er beurteilt sie auf die gleiche kritische Weise, wie es sonst die Mutter tut.

4. Viele Jahre später: Für Claudia ist der innere Kritiker zum ständigen Begleiter geworden. Wenn sie auf seine Ratschläge hört, dann lässt er sie in Frieden. Seine Botschaften lauten: »Wenn du darauf achtest, dass du gut aussiehst, dann wirst du anerkannt und geliebt. Also: Kontrollier dich beim Essen, mach mehr Sport und zieh dich hübsch an.«

5. Der einstige Beschützer wurde zum Feind. Und genauso verhält er sich auch im Empfinden der mittlerweile längst erwachsenen Claudia. Oft fühlt sie sich durch ihn herabgesetzt – sie wird dann wieder zum Kind, fühlt sich traurig und abgelehnt. Nur selten taucht in ihr das wilde, freie Mädchen auf, wenn es niemand mitbekommt und sie allein in ihrer Wohnung ist.

DIE GESICHTER DER FRÜHEREN BESCHÜTZER

Jeder hat aufgrund seiner Biografie andere wunde Punkte und ein anderes Beschützerteam: Klaus beispielsweise litt sehr unter den Konflikten seiner Eltern. Diese hatten sich vorgenommen, sich erst dann zu trennen, wenn Klaus erwachsen ist. Klaus lernte früh, dass er »der Kitt« der Familie ist. Er gab sich viel Mühe, seine Eltern zu versöhnen. Doch es gelang ihm nicht, sie trennten sich, als er 19 war. Klaus ist heute 43 Jahre alt – und harmoniesüchtig.
Meikes Eltern legten viel Wert auf Sicherheit und Kontrolle – über Versicherungen oder viel, viel Nachdenken über mögliche künftige Katastrophen. Meike ist nun 38 und schwanger. Sie überlegt sich bei jeder körperlichen Veränderung, welche schlimme Krankheit oder welcher genetische Defekt wohl dahinterstecken könnte.

PERSÖNLICHE ERFAHRUNGEN

Pulsschlag der Angst

Die meisten inneren Beschützer, die als überkritische und belastende Anteile wirken, sind in der Kindheit entstanden. Aber es gibt auch solche, die sich zu einem späteren Zeitpunkt herausbilden. Stephan beispielsweise musste im Alter von 45 Jahren ansehen, wie sein Vater einen Herzinfarkt erlitt. Glücklicherweise kam der Arzt rechtzeitig, sodass der Vater überlebte. Aber Stephan ist seitdem ein anderer Mensch. Ihm gehen die Bilder nicht mehr aus dem Kopf. Seit diesem Tag achtet er ängstlich auf seinen eigenen Puls und fragt sich bei jedem veränderten Pochen, ob mit seinem Herzen alles in Ordnung ist. Er hat sogar schon einen Herzspezialisten aufgesucht. Der Anteil, der sich durch diese intensive Erfahrung bei ihm herausgebildet hat, ist ein innerer Katastrophisierer, der übertreibt und die Aufmerksamkeit stets und ständig auf die Gefahr lenkt.

WACKLIGE LÖSUNGSVERSUCHE

Wenn Sie Verständnis für die Entstehungsgeschichte von Kritiker, Katastrophisierer & Co. entwickeln, wird Ihnen auch deutlich, dass diese inneren Anteile einen Lösungsversuch für die damalige Situation darstellen. Als Kind wussten Sie keinen besseren Ausweg. Im Antreiber, Vermeider oder Harmoniesüchtigen steckt die kreative, vielleicht auch verzweifelte Lösung, die Sie als Kind gefunden haben. Es handelt sich um ein sehr kompetentes Verhalten, um mit einer schwierigen Situation zurechtzukommen.

HEUTE: ERWACHSEN HANDELN

Heute sind Sie kein Kind mehr. Mit dem Blick eines Erwachsenen können Sie einen bewussten Zugang zu Ihren inneren Anteilen finden. Sie können die positiven Kräfte und Absichten dieser früheren Beschützer entdecken, die mit der Zeit zu Saboteuren geworden sind. Diese Anteile erfüllen eine schwere Aufgabe für Sie, und das vielleicht schon seit Jahrzehnten. Mit den Angeboten aus diesem Buch helfen Sie ihnen, sich von dieser Last zu erlösen. Man könnte auch sagen, Sie machen ein Update und bringen diese Anteile in die Gegenwart. Die Erleichterung trifft dann natürlich vor allem Sie selbst: Sie können beginnen, ganz Sie selbst zu sein.

Ewig gestrig

Es ist wichtig zu wissen, dass diese inneren Beschützer oft sehr früh in unserer Kindheit und Jugend entstanden sind. Deshalb denken und handeln diese Anteile eben auch nicht wie Erwachsene, sondern wie Kinder oder Jugendliche. Sie sind noch nicht so wie wir in der Gegenwart angekommen.

REFLEXION

Innere Bodyguards

Betrachten Sie in einem ruhigen Moment einmal Instanzen in Ihrem Inneren, die Sie früher beschützt haben. Welche Rolle und Funktion hatten diese Anteile Ihrer Persönlichkeit in der Vergangenheit? In welchen Lebenssituationen sind sie entstanden? Wie alt sind sie? Und inwieweit sind sie mittlerweile zu Störfaktoren geworden?

DER WANDEL VOM BESCHÜTZER ZUM FEIND

In der Vergangenheit waren die Beschützer, welche Form sie auch angenommen hatten, sehr wichtig für uns. Sie haben uns geholfen, wichtige Beziehungen und Bindungen zu sichern. Sie haben uns vor dem Alleinsein geschützt, vor der Ablehnung und dem Nicht-geliebt-Werden. Anfangs waren sie also hilfreich. Erst als wir älter wurden, fingen sie an, uns zu behindern und uns das Leben schwer zu machen. Mit ihrem »Radarsystem« wurden sie immer in Situationen aktiv, die irgendwie ähnlich zu früheren Lernsituationen waren. Früher waren es die Eltern, heute wird die Reaktion durch die Begegnung mit dem Chef ausgelöst oder mit einem Menschen, in den man verliebt ist. Deshalb werden viele innere Beschützer im Laufe des Lebens zu inneren Saboteuren, einfach weil sie nicht mitbekommen, dass wir älter und erwachsen geworden sind. Wir sind mittlerweile unabhängig von unseren Eltern. Im Hier und Heute geht es nicht mehr darum, uns um jeden Preis vor Kritik zu schützen oder alle Erwartungen zu erfüllen. Am Beispiel von Claudia wird deutlich, dass Menschen, die die Verbindungen zum früheren Beschützer nicht lösen konnten, gedanklich und emotional weiterhin in der Vergangenheit stecken. Sie übertragen die frühen Situationen, in denen es um Anerkennung und Zuwendung von wichtigen Bezugspersonen ging, auf die Gegenwart. Das geschieht so lange, bis es gelingt, die inneren Anteile davon zu überzeugen, dass seine Hilfe nicht mehr in der bisherigen Weise benötigt wird. Zu dieser Überzeugungsarbeit leitet Sie dieses Buch an.

Sauberer und schmutziger Schmerz

Ein neuer Therapieansatz, die Akzeptanz- und Committmenttherapie (ACT), unterscheidet zwischen zwei unterschiedlichen Arten von Schmerz. Dabei beschreibt er keinen körperlichen Schmerz, sondern macht plausibel, wie seelisches Leid entsteht. Sauberer Schmerz sind dabei Gefühle, die in einer realen Situation aufkommen, beispielsweise Kränkungen und Unsicherheiten, wenn man in jemanden verliebt ist, der das nicht erwidert. Oder ein Gefühl des Alleinseins, wenn man nach Hause kommt. Das sind Empfindungen, die wir nicht haben wollen, und daher werden innere Beschützer aktiv, um uns davor zu bewahren. Sie werden uns vielleicht darin bestärken, wie schlimm und verletzend es ist, von einem Menschen abgelehnt zu werden, den wir attraktiv finden. Und dann stellen sie sich quer, wenn wir wieder einmal versuchen wollen, einen möglichen Partner anzusprechen.

An dieser Stelle beginnt der schmutzige Schmerz. Er entsteht, wenn wir die Gefühle, die mit einer realen Situation verbunden sind, vermeiden wollen und etwas tun, um ihnen aus dem Weg zu gehen. Statt den Menschen, der uns gefällt, anzusprechen, surfen wir vielleicht im Internet oder arbeiten bis zum Umfallen. Langfristig wird so der »schmutzige« Vermeidungsschmerz immer größer. Er hilft uns nicht, etwas an der Situation zu verbessern, unangenehme Gefühle zu durchleben und unsere Ziele zu erreichen. Wir stecken fest.

BREMSEN AUF DEM WEG

Unsere Beschützer halten uns oft in den Grenzen, die wir von unseren Eltern gelernt haben. Diese inneren Stimmen hindern uns daran, uns frei und offen für das Leben zu engagieren, das wir hier und heute leben wollen. Sie setzen Grenzen und sorgen dafür, dass wir in der sicheren Zone bleiben, in der es aber nicht unbedingt bunt und vielfältig zugeht. Es ist, als würden wir mitten in einem Schilderwald stehen. Dort heißt es dann beispielsweise:

- »Es ist eine Katastrophe, einen Fehler zu machen.«
- »Du musst etwas Besonderes leisten.«
- »Beeil dich, mach schneller!«
- »Träum doch nicht rum!«
- »Du musst es allen recht machen.«
- »Du bist nicht gut genug.«
- »Du musst abnehmen, um geliebt zu werden.«
- »Du musst perfekt sein.«
- »Du darfst nicht die Kontrolle verlieren.«
- »Wenn du so weitermachst, wird es schlimm enden!«

All diese und hundert andere Schilder wirken wie Mauern und Hindernisse. Dahinter liegen so viele Möglichkeiten: all die Dinge, die uns im Leben eigentlich wichtig sind, interessante Jobs, Abenteuer, Kreativität, Spontaneität, Zeit für uns selbst und die Familie, Spiritualität, das Entdecken unserer ganz eigenen Persönlichkeit …

DIE HANDBREMSE LÖSEN

Doch vor allem unter Stress greifen wir auf die bewährten Überlebensstrategien zurück. Bleiben wir langfristig in unserer Sicherheitszone, dann erleben wir allerdings immer wieder den »schmutzigen« Schmerz. Der Ausweg aber tut sich mit diesem Wissen ebenfalls schon auf: Erkennen, wer da in uns spricht, und Schritt für Schritt den Horizont hinter den Begrenzungen erobern. Wenn Sie dem Buch bis hierhin gefolgt sind, sind Sie bereits auf dem besten Weg dorthin.

EIN TEUFELSKREIS AUS STRESS UND MOTIVATION

Wir haben ein Antriebs- und ein Selbstschutzsystem, die sich wechselseitig verstärken. Beispielsweise dann, wenn wir unbedingt etwas erreichen wollen und zugleich Ängste und Zweifel haben, ob es uns gelingen wird.

Kampf, Flucht, Erstarrung;
Schutz vor Zurückweisung,
Ärger und Kontrollverlust;
Bedrohungsorientierung

UNSER SELBSTSCHUTZSYSTEM

In unserem Gehirn gibt es ein System, das dazu da ist, Bedrohungen aus der Umwelt rasch wahrzunehmen. Seine Schaltzentrale ist die Amygdala, der sogenannte Mandelkern im Gehirn. Sobald wir eine bedrohliche Situation erkennen, wird in unserem Körper eine Stressreaktion ausgelöst. Das stellt Energie zum Kämpfen oder Fliehen zur Verfügung. Die Stressreaktion dient vor allem zu unserem Schutz vor körperlichen Bedrohungen. Aus wissenschaftlichen Untersuchungen wissen wir jedoch, dass sie auch bei emotionalen Angriffen anspringt. Das aber heißt, dass unsere inneren Saboteure über die Amygdala unser inneres Alarmsystem aktivieren können. Sie rufen uns etwas zu, was uns stresst – und schon ist die Reaktion da. Erleben wir längerfristig Stress, steigt der Cortisolspiegel. Nach einer Zeit kann das zu gesundheitlichen Problemen führen. In Untersuchungen konnte gezeigt werden, dass starke Selbstkritik tatsächlich mit einer verstärkten Stressreaktion und der Neigung zu Depressionen verbunden ist.
Viele Menschen erleben heute, dass ihr Selbstschutzsystem zu oft und zu lang aktiviert wird, obwohl eigentlich keine Gefahr an Leib und Leben droht. Es gelingt nicht mehr, diesen Selbstschutzmechanismus abzuschalten. Kritiker & Co. heizen das System immer weiter an.

MOTIVATION UND ANTRIEB

Es gibt ein weiteres System in unserem Gehirn, das sich im Laufe der Evolution entwickelt hat. Es aktiviert unsere Motivation und unsere Suche nach Ressourcen. Dieses System wird durch den chemischen Botenstoff Dopamin reguliert. Es wird durch Begierde ausgelöst und zielt auf die unmittelbare Befriedigung von körperlichem Hunger ebenso wie auf die Bedürfnisse nach Sex, Erfolg, Macht, Status, Sieg und so weiter. Werden sie befriedigt, wird Dopamin ausgeschüttet. Auch bei der Vermarktung von Produkten wird dieses Dopaminsystem aktiviert, indem Wünsche produziert und Unzufriedenheiten erzeugt werden. In den vergangenen Tagen hat mich einige Male meine Telefongesellschaft angerufen, um mich davon zu überzeugen, wie günstig der neue Tarif mit vielen zusätzlichen Leistungen und wie ungünstig mein derzeitiger Vertrag sei. Und das obwohl mein aktueller Vertrag 15 Euro günstiger ist und ich jetzt schon sehr viele seiner Möglichkeiten nicht nutze.

Unsere inneren Anteile wenden genau diese Logik auf uns an. Denken Sie noch einmal an Claudia. Wenn ihr innerer Kritiker sagt: »Das steht dir nicht, du bist zu dick«, fühlt sie sich verletzt – sie erlebt Stress.

Um sich vor einer weiteren Ablehnung zu schützen, strengt sich Claudia an, möglichst attraktiv und perfekt auszusehen. Ihr Motivationssystem ist aktiviert und sie probiert verschiedene Kleidungsstücke an und schminkt sich. Sowohl das Antriebs- als auch das Selbstschutzsystem sind jetzt in Fahrt. Sie verstärken sich gegenseitig, wenn der innere Antreiber die perfekte Lösung sucht und der Kritiker ständig seine ätzenden Kommentare abgibt. Schlimmstenfalls entsteht ein Teufelskreis, der das Stress- und Motivationssystem chronisch überlastet.

REFLEXION

Stress und Motivation im Wechsel

Fragen Sie sich einmal: Wie beeinflussen Ihre inneren Stimmen Ihr Stresssystem? Bemerken Sie typische Stresssymptome, die wahrscheinlich mit bestimmten inneren Anteilen zusammenhängen?

Und wie beeinflussen diese Anteile Ihr Motivationssystem? Wie treiben sie Sie an? Stellen Sie positive und negative Wirkungen fest?

Der Erwachsene in uns

Genug gequält! Jetzt geht es daran, den inneren Feinden die Macht zu nehmen. Dafür braucht es eine Instanz, die das Ruder übernimmt und unser Boot in freundliche, sonnige, schöne Gefilde lenkt. Es braucht den inneren Erwachsenen.

PLÖTZLICH INNERLICH OFFEN

Sie sehen ein kleines Mädchen schluchzend und tränenüberströmt in einem Einkaufszentrum stehen, zwischen großen Regalen und vorbeieilenden Kunden. Wie reagieren Sie? Haben Sie nicht auch den Impuls, sich dem Kind zu nähern, es zu trösten und ihm dabei zu helfen, seine Mutter wiederzufinden? Vermutlich würde Sie sein Schmerz berühren. Sie wünschen dem Mädchen, dass es ihm schnell wieder gut geht. Stellen Sie sich weiter vor, Sie entdecken seine Mutter. Sie beobachten, wie sie zu ihm eilt und das weinende Kind tröstet. Sie lassen sich berühren von den Gefühlen des Mädchens und der Fürsorge der Mutter. Sie spüren Freude und Erleichterung.

Es ist, als ob sich in Ihnen eine Tür geöffnet hätte. Sie fühlen sich jetzt verbundener mit den Menschen um Sie herum, präsenter und lebendiger. Sie nehmen die vorbeilaufenden Menschen wahr. Sie spüren deren Eile, sehen, wie einige lachen, und nehmen auch wahr, dass ein Mann in einem verschmutzten Schlafsack an der Straßenecke liegt. Sie lassen sich auch von seinem Leid berühren. Sie schauen nicht sofort weg.

Mit einem Mal geht es
nicht mehr darum,
perfekt oder erfolgreich zu sein.

Vielleicht entsteht in Ihnen der Wunsch, sein Leid zu lindern, aber Sie wissen nicht, wie. Doch Sie bleiben innerlich offen und mitfühlend. Sie nehmen die Menschen um Sie herum wahr, mit ihren Fehlern, Schwächen und Verletzlichkeiten.

Zum Mitgefühl gehören freundliche Gefühle für Menschen, die leiden. Die inneren Bewertungs- und Verurteilungsprozesse verstummen für eine Zeit. Es sind Momente des Annehmens und Seins mit den Dingen, wie sie gerade sind. So gehen Sie vielleicht weiter durch die Einkaufspassage und hören einen Straßenmusiker, der einen Tango auf dem Akkordeon spielt. Sie sind offen für diese Klänge und lassen sich berühren. Sie fühlen sich ganz präsent und verbunden. Auch diesem Menschen wünschen Sie, dass er glücklich ist. Sie stellen sich zu der Traube von Zuhörern und verweilen für einen Moment. Sie genießen den Augenblick, die geschäftige Straße tritt in den Hintergrund. Sie fühlen sich auch hier wieder verbunden mit dem Rhythmus des Lebens.

SICH SELBST NEU BEGEGNEN

Stellen Sie sich nun vor, dass Sie mit genau dieser inneren Haltung, mit dieser Offenheit auch sich selbst begegnen. Wie wäre es, wenn eine solche Bewusstheit und Freundlichkeit Ihnen selbst gelten könnte? Sie begegnen Ihrem eigenen Leid mit tiefem Mitgefühl, Sie verbinden sich mit Freude und Glück und erlauben sich, diese Gefühle für sich selbst tief zu empfinden und zu genießen.

In neueren Therapieansätzen wird immer deutlicher, wie wichtig es ist, eine freundliche und mitfühlende Haltung sich selbst gegenüber zu entwickeln. Wir lernen dabei, unseren Gedanken, Gefühlen und inneren Anteilen wohlwollend zu begegnen. Neuere Forschungsergebnisse aus der Psychologie weisen darauf hin, dass ein erfolgreicher Heilungsprozess nicht darin besteht, den Schmerz auszumerzen. Heilung ist vielmehr ein Prozess, bei dem wir ein ganz neues Verhältnis zu unseren Gedanken und Gefühlen entwickeln, anstatt sie direkt anzugehen und zu verändern oder gar zu bekämpfen. Dieses neue Verhältnis ist weniger durch Vermeidung oder Ablehnung gekennzeichnet. Es ist vielmehr von Annahme, Mitgefühl und einem bewussten Umgang mit dem, was sich im aktuellen Moment zeigt, geprägt. Indem wir lernen, dem, was uns schmerzt oder stört, mit offenen Augen und einem offenen Herzen zu begegnen, erfahren wir Veränderung und emotionale Heilung.

Drei Fähigkeiten spielen bei diesem Prozess des Annehmens – und im weiteren Verlauf dieses Buches – eine wichtige Rolle:

- Selbstmitgefühl,
- Achtsamkeit,
- Freundliche innere Kommunikation.

DIE INNEREN FEINDE VERWANDELN

Auf den folgenden Seiten können Sie erfahren, wie Sie diese drei Kompetenzen stärken und auf Ihre inneren Anteile wie Kritiker, Antreiber und Vermeider anwenden. Sie mögen Ihnen wie grässliche Feinde erscheinen, aber wenn Sie sich ihnen mitfühlend, achtsam und liebevoll kommunizierend zuwenden, schmelzen sie nur so dahin.

In vielen Märchen, Sagen und Kindergeschichten wird ein vergleichbarer Transformationsprozess in der abenteuerlichen Begegnung mit furchterregenden Drachen und schrecklichen Monstern beschrieben. Symbolhaft stellen diese uralten oder ganz modernen Geschichten dar, wie etwas zunächst grauenhaft Erscheinendem offen, direkt und annehmend begegnet werden kann. Durch den direkten Blick verliert es seinen Schrecken und eine Verwandlung tritt ein. Den Helden erwächst daraus neue große Kraft.

Genau das geschieht auch Ihnen, wenn Sie hier dranbleiben. Im Folgenden geht es darum, die erwachsene, mitfühlende Seite in sich zu stärken, sodass sie die Führung übernimmt und mit all den verletzten oder sabotierenden Anteilen eine freundliche Verbindung aufnimmt.

Die erwachsene Seite in jedem Menschen ist in vielen Therapieansätzen wichtig. Luise Reddemann nennt sie »die Erwachsene von heute«, Friedemann Schulz von Thun spricht vom »Oberhaupt«, Schematherapeuten sagen »gesunder Erwachsener« und der Familientherapeut Richard Schwartz bezeichnet sie als »das Selbst«. Er stellte in seiner therapeutischen Arbeit oft fest, dass die Klienten, die einen guten Zugang zu ihrem Selbst – in diesem Buch sprechen wir von dem erwachsenen Anteil in uns – bekamen, viel besser mit sich selbst und ihren Problemen umgehen konnten. Sie hatten eine Instanz entdeckt, die liebevoll lenken und führen kann. Der Erwachsene in uns ist:

- → mitfühlend, akzeptierend und neugierig,
- → achtsam, ein innerer Beobachter und zu innerer Distanzierung fähig,
- → kommunikativ und verbunden mit allen Persönlichkeitsanteilen.

Durch diesen erwachsenen Anteil können wir wahrnehmen und beobachten, aber auch steuernd eingreifen und Prozesse in konstruktive Bahnen lenken. Er ist wie eine fürsorgliche Mutter, die ein aufgewühltes Kind trösten und wieder zum Spielen anregen kann. Schauen wir uns also detailliert und praktisch an, wie wir diese in uns schlummernde Kraft nutzen können.

Den Goldschatz finden

Im Mittelalter suchten viele Magier nach Möglichkeiten, aus allen möglichen Materialien Gold herzustellen. Bei den Fähigkeiten, um die es uns hier geht, handelt es sich um etwas vergleichbar Magisches, nämlich um die Fähigkeit, wie seelisches Leiden in Mitgefühl, Verbundenheit und sogar Freude verwandelt werden kann. Durch liebevolle Zuwendung und Freundlichkeit kann aus dunklen Gesteinsbrocken tatsächlich Gold entstehen. Feinde können zu Freunden werden, Frösche zu Prinzen und Monster zu Spielkameraden.

DAS SYSTEM DER SELBSTFÜRSORGE

Körper und Gehirn reagieren mit Kampf oder Flucht auf Herausforderungen. Zum Glück aber nicht nur. Wir sind auch für Fürsorge und Herzlichkeit geschaffen – und die bringen Harmonie ins System.

Selbstmitgefühl
SELBSTSCHUTZSYSTEM

MITGEFÜHL FÜR SICH SELBST

Selbstmitgefühl ist eine Art des Annehmens und Akzeptierens. Sind wir voller Selbstmitgefühl, akzeptieren wir uns als ganze Person, und wenn wir gerade Schmerz und Leid empfinden, dann geben wir uns diese Zuwendung in besonderer Weise. Wir gehen verständnisvoll und freundlich mit uns selbst um, statt uns zu kritisieren. Wir richten die Fähigkeit zu trösten auf uns selbst und beginnen, uns liebevoll und freundlich zu begegnen.

Stellen Sie sich ein kleines Kind vor, das über die Straße läuft und über den Bordstein stolpert. Es fällt auf den Asphalt und weint bitterlich. Was tun Sie? Sagen Sie zu dem Kind: »Du hast dich ja wieder einmal blöd angestellt. Pass doch endlich mal auf!« Glauben Sie, diese Sätze führen dazu, dass es dem Kind besser geht? Nein. Das Kind benötigt unseren Trost und unsere Fürsorge. Wir nehmen es vielleicht auf den Schoß oder in den Arm und sagen tröstende Worte, wir streicheln ihm zärtlich über den Kopf und kleben ein Pflaster auf die Wunde. Durch unseren Trost kann sich das Kind schneller wieder beruhigen. Rasch ist der Schmerz vergessen und es kann weiterspielen und -toben.

FÜRSORGE GEHÖRT ZUM GENETISCHEN PROGRAMM

Wenn Säugetiere gut für ihre Jungen sorgen, ist es wahrscheinlicher, dass die Art überlebt und die Gene weitergegeben werden. Die Fähigkeit zu Fürsorge, Freundschaft und Verbundenheit tragen nicht nur die Tiere, sondern auch wir als Hardware, als Teil unserer biologischen Natur in uns. Gefühle der Fürsorge treten ganz natürlich in uns auf. Wissenschaftler sprechen von der Calm-and-Connect-Reaktion, wenn unser Beruhigungs- und Fürsorgesystem aktiv wird. Es wird stark durch das Hormon Oxytocin gesteuert. Wenn eine Mutter ihr Kind stillt, wenn zärtliche Berührungen ausgetauscht werden oder Menschen mitfühlend mit sich und anderen umgehen, wird dieses sogenannte Bindungshormon freigesetzt. Das hat viele positive Effekte, denn es wird gleichzeitig die Furcht verringert, die Stressreaktion abgebaut und Gefühle der Verbundenheit werden gestärkt. In diesem Sinne heißen die unterschiedlichen Übungen, die Sie in diesem Buch finden, auch »Freundschaftsdienst«.

FREUNDSCHAFTSDIENST

Sich selbst umarmen

Wenn Sie sich emotional schlecht oder stark erregt fühlen, weil etwas ziemlich schiefgegangen ist, dann können Sie sich selbst trösten:

- Fassen Sie mit der rechten Hand sanft zu Ihrer linken Schulter und mit Ihrer linken Hand zur rechten Schulter. Umarmen Sie sich also selbst. Es ist in Ordnung, wenn Ihnen das zunächst seltsam vorkommt.
- Verbinden Sie mit der Umarmung ein Gefühl der Geborgenheit und Wärme, das Sie einem kleinen Kind entgegenbringen würden. Ihr Körper kennt dieses Gefühl, es wird das Wohlfühlhormon Oxytocin freigesetzt. Bringen Sie sich selbst die Zärtlichkeit und Fürsorge entgegen, die Sie gerade brauchen.
- Wenn Sie gerade schwierige Zeiten durchleben, dann schenken Sie sich diese Zärtlichkeit, Wärme und Umarmung mehrmals täglich. Das geht auch ganz unauffällig am Arbeitsplatz, wenn Sie nur mit einer Hand zur Schulter fassen. Sie können daraus eine wohltuende Gewohnheit machen.

ENTSPANNUNG DURCH SELBSTFÜRSORGE

Das Fürsorgesystem wirkt dem Stress- und Antriebssystem entgegen. Wir fühlen uns in unterstützenden, freundschaftlichen Beziehungen – auch zu uns selbst – wohler, sicherer und können uns leichter entspannen. Stress wird abgepuffert, unser Immunsystem kann sich erholen. Ängste und Sorgen treten in den Hintergrund.

In neueren wissenschaftlichen Untersuchungen konnte gezeigt werden, dass unser Fürsorgesystem immer dann aktiv wird, wenn wir für andere sorgen, aber auch, wenn wir mitfühlend und freundlich mit uns selbst umgehen, wenn wir also Selbstmitgefühl zeigen.

Die amerikanische Psychologin Kristin Neff sieht das Selbstmitgefühl als dreiteilig an:

- Es erfordert Selbstfreundlichkeit – wir gehen also wohlwollend und verständnisvoll mit uns um, statt uns zu kritisieren.
- Es beinhaltet die Erkenntnis, dass wir alle Menschen sind, also ein Gefühl der Verbundenheit mit anderen in den Erfahrungen des Lebens. Wir sitzen alle in einem Boot. Diese verbindende Humanität mindert das Gefühl von Isolation und Entfremdung.
- Drittens braucht es Achtsamkeit, durch die wir alle unsere Erfahrungen mit einem gewissen Abstand als gleichwertig wahrnehmen, statt unseren Schmerz zu ignorieren oder zu übertreiben.

Diese Elemente können wir verinnerlichen und täglich in unserem Alltag anwenden. Mit der letzten Übung haben Sie schon Selbstfreundlichkeit praktiziert, indem Sie sich selbst umarmt haben.

Und Sie finden hier weitere Anregungen, sich zu loben, wenn Sie etwas geschafft haben, und sich aktiv zu trösten, wenn Sie in Not oder unangenehme Situationen geraten. Sie können außerdem lernen, freundlich mit sich zu reden: »Das hast du gut hingekriegt.« Oder: »Das ist jetzt wirklich schwierig. Gibt es gerade etwas, was dir guttun kann, oder jemanden, der dich unterstützen könnte?« Durch Wärme und Freundlichkeit beruhigen wir unsere Gedanken und Gefühle.

Das ist es, was wir am meisten brauchen, wenn wir auf die Nase fallen.

FREUNDSCHAFTSDIENST

Inseln des Selbstmitgefühls

Im Alltag jagt oft ein Termin den anderen. Wenn Sie sich gestresst und unter Druck fühlen, dann halten Sie doch einmal inne und schenken Sie sich das Selbstmitgefühl, das Sie gerade brauchen.

- Fragen Sie sich: Was würde mir jetzt gerade guttun? Wie könnte ich mich heute noch verwöhnen? Wie kann ich heute nett zu mir sein? Vertrauen Sie darauf, dass Ihr Körper weiß, was Sie gerade brauchen. Lassen Sie sich Zeit, bis freundliche Ideen auftauchen. Vielleicht wollen Sie einen Tee trinken, ein schönes Lied hören oder sich ein heißes Bad gönnen. Möglicherweise können Sie eine der anstehenden Erledigungen verschieben, ein Nickerchen machen oder eine Freundin anrufen.
- Nehmen Sie sich Zeit für kleine Inseln der Freundlichkeit und Selbstliebe. Und planen Sie auch etwas größere Inseln ein: schwimmen gehen, Freunde treffen, im Wald spazieren oder einfach nichts tun. Wenn Sie solche Aktivitäten mit einem Gefühl des Wohlwollens erleben, können Sie sie noch mehr genießen und ein tiefes Gefühl der Dankbarkeit entwickeln.

Es ist einfach so: Wir haben Trost verdient, vor allem dann, wenn wir gerade Mist gebaut oder es besonders schwer haben. Es hat nichts mit Egoismus zu tun, wenn wir mitfühlend mit uns selbst umgehen. Wenn wir stark gestresst sind, kann unser Fürsorgesystem – der innere Erwachsene – uns beruhigen und den emotionalen Teufelskreis beenden. Das ist das Verwunderliche am Selbstmitgefühl: Negative Gefühle werden nicht unterdrückt, sondern bemerkt und angenommen – und dadurch geschieht die Verwandlung.

FREUNSCHAFTSDIENST

Selbstmitgefühl entwickeln

Nehmen Sie sich etwas Zeit für eine Meditation des Selbstmitgefühls. Suchen Sie sich einen ungestörten Platz und setzen Sie sich bequem und möglichst aufrecht hin. Atmen Sie ein paar Mal tief durch.

- Nehmen Sie wahr, wie Sie sitzen, wie Ihre Füße den Boden berühren.
- Nehmen Sie Ihren Atem wahr, ohne ihn zu verändern. Kommen Sie zur Ruhe.
- Stellen Sie sich nun einen Menschen vor, der Sie so mag, wie Sie sind, und dem auch Sie ganz natürlich warme und zärtliche Empfindungen entgegenbringen, beispielsweise eine Freundin. Es kann auch ein geliebter Hund oder eine Katze sein. Stellen Sie sich dieses Wesen mit all seinen guten Eigenschaften vor. Vielleicht fällt Ihnen auch ein Moment der besonders innigen Verbundenheit ein, den Sie miteinander erlebt haben. Spüren Sie ein Gefühl der Wärme oder ein inneres Lächeln. Ihr Herz öffnet sich.
- Senden Sie diesem anderen Ihre Freundlichkeit, Ihr Mitgefühl und Ihre guten Wünsche, indem Sie sagen: »Möge er sich sicher fühlen. Möge er glücklich sein. Möge er gesund sein.«
- Wenden Sie sich innerlich dann mit Ihrem weit offenen Herzen sich selbst zu und sagen Sie sich in Gedanken: »Möge ich mich sicher fühlen. Möge ich glücklich sein. Möge ich gesund sein.«
- Und wenn Sie in diesem Augenblick leiden, sagen Sie: »Das ist ein Moment des Leidens. Leiden gehört zum Leben. Möge ich in diesem Moment freundlich zu mir selbst sein.«
- Je nachdem, wie es Ihnen geht und was Sie sich gerade wünschen, können Sie individuelle Formulierungen finden, die Ihnen helfen, die Sie trösten, beruhigen oder die Ihnen das Herz regelrecht überfließen lassen.

DIE BESTE HILFE FÜR DEN ALLTAG

Die Formulierungen, die eine mitfühlende Haltung widerspiegeln, können Sie natürlich auch im Alltag nutzen. Vielleicht entwickeln Sie dafür sogar Ihr eigenes Mantra des Selbstmitgefühls. Je nach Situation vielleicht in dieser Form:

- »Das ist gerade ganz schön hart für mich. Ich leide gerade sehr. Das schmerzt. Es tut weh, das zu fühlen. Ich nehme es wahr.«
- »Mir geht es gerade nicht gut. Doch ich bin bei mir.«
- »Irgendwie gehört das zum Leben. Jeder fühlt sich mal so. Jeder Mensch leidet dann und wann.«
- »Möge ich meinem Schmerz mit Freundlichkeit begegnen. Möge ich freundlich mit mir umgehen. Ich umarme mich freundlich.«
- »Ich bin es wert, dass ich nett zu mir bin. Ich gehe so freundlich und mitfühlend wie möglich mit mir um.«

Formulieren Sie Sätze aus, die für Sie rundum stimmig klingen, und schreiben Sie sie sich am besten auch gleich auf. Wann immer Sie unter Druck geraten oder leiden – oder einfach ein paar ruhige Minuten haben –, verinnerlichen Sie sich dann Ihre Worte des Mitgefühls.

FREUNDSCHAFTSDIENST

Selbstmitgefühl im Alltag

Überlegen Sie sich möglichst konkret, wie Sie bei freudvollen und leidvollen Ereignissen mitfühlend mit sich selbst umgehen könnten. Auf welche Weise könnten Sie sich freundlich behandeln, wenn Sie sich traurig, beschämt oder einsam fühlen? Wenn Sie einen Fehler gemacht oder Ihr Handy verlegt haben?

DAS PRÄSENT DER AUFMERKSAMKEIT

Barbara L. Fredrickson beschreibt bei der Erforschung von positiven Gefühlen, dass es zwischen uns Menschen viele Momente der alltäglichen Verbundenheit gibt. Zwischen der Mutter, die ihren Sohn nach dem Kindergarten begrüßt und sich Zeit lässt, um Kontakt aufzunehmen und sich am Wiedersehen zu freuen. Mit Blick und Herz, mit offenen Armen ist sie präsent. Oder die Begegnung mit einem alten Arbeitskollegen im Supermarkt. Die kurze Freude des Wiedersehens, der Blickkontakt, die Präsenz und Verbundenheit. Der weitere Einkauf kann warten. »Wie geht es dir? Was gibt es Neues?«

Solche Momente der Verbundenheit sind natürlich intensiver und leichter mit vertrauten Menschen und alten Freunden zu erleben. Aber es ist auch möglich, spontan mit fremden Menschen im Café, bei einer Sportveranstaltung oder nach dem Kinobesuch eine Verbundenheit zu spüren. Barbara L. Fredrickson bezeichnet es als Positivitätsresonanz, wenn die immer lauter werdende Symphonie aus gemeinsam erlebten positiven Gefühlen und der wechselseitigen Fürsorge zwischen Menschen widerhallt. Auch solche Momente kann man pflegen.

Momente der Verbundenheit im Alltag

Gehen Sie doch einmal bewusst durch Ihren Alltag und entdecken Sie die kleinen Momente der Begegnung und der Verbundenheit. Seien Sie präsent, nehmen Sie Blickkontakt auf und begegnen Sie sich und anderen mit Wohlwollen, Wärme und Respekt. Achten Sie auf die vielen Gelegenheiten zu Hause, am Arbeitsplatz oder mit den Nachbarn. Sie werden staunen, wie viel Potenzial für Verbundenheit und damit Wohlgefühl jeder Tag bietet. So viele Chancen, liebevoll zu kommunizieren.

MITGEFÜHL FÜR KRITIKER, ANTREIBER UND CO.

Häufig ist unser Selbstmitgefühl blockiert. Es gibt Seiten von uns, die wir ablehnen oder sogar hassen. Hier kommen wieder unser innerer Kritiker und seine Kollegen ins Spiel. Sie meckern und hacken auf uns herum und wir empfinden sie als Feinde in unserem Kopf. Wir fühlen uns von ihnen tyrannisiert und wollen sie einfach nur loswerden.
Für Mitgefühl ist da kein Raum. Ihre Kommentare verhindern, dass wir uns selbst annehmen, wertschätzen und lieben. Und diese lästigen Saboteure mögen wir natürlich auch nicht. Wie also kommen wir ins Selbstmitgefühl? Das Mitgefühl für uns selbst wächst erstaunlicherweise dadurch, dass wir unsere inneren Feinde lieben lernen. Und das klappt, indem wir sie besser kennenlernen und von der Warte des Erwachsenen aus betrachten.

SCHWERARBEITER FÜR EINE EHEMALS GUTE SACHE

Unsere inneren Saboteure sind in starken Stresssituationen entstanden. Denken wir an das Beispiel von Claudia, die von ihrer Mutter unter Druck gesetzt wurde, schlank und hübsch zu sein. Der innere Kritiker entstand, um ihr zu helfen, weiterhin die Liebe der Mutter zu bekommen, auf die ein Kind dringend angewiesen ist. Dieser Anteil hatte also eine Funktion – und er verrichtet seine Arbeit bis heute.
Wenn wir diesen Hintergrund und die Funktion des Kritikers kennen, hat er dann nicht unser Mitgefühl verdient? Hat er nicht denselben Trost verdient wie der kleine Junge, der auf der Straße hingefallen ist? Sollten wir ihm nicht helfen, ihn von dieser anstrengenden und frustrierenden Arbeit befreien, anstatt ihn zu bekämpfen?
Es ist wichtig, dass wir unsere Feinde im Kopf verstehen und in ihrer Funktion wertschätzen lernen. Sie sind Teile von uns, die zu unserer Unterstützung entstanden sind. Oft hatten sie in der Vergangenheit eine sehr wichtige Aufgabe. Auch Ihr innerer Antreiber oder Katastrophisie-

rer meint es letztlich gut mit Ihnen. Er tut es nur auf eine übertriebene und ungesunde Weise. Sie für Fehler heftig zu kritisieren oder Unangenehmes überzubewerten, das sind ihre etwas seltsamen Formen der Fürsorge. Aus der Geschichte betrachtet sind sie stimmig. Aber sie passen nicht mehr zu den Herausforderungen der Gegenwart.

TRAGIKOMISCHE HELDEN

Mit etwas Abstand betrachtet: Kommen Ihnen Kritiker und Co. nicht auch vor wie dieser japanische Soldat, der zwanzig Jahre nach Beendigung des Zweiten Weltkrieges noch auf einer kleinen Insel gegen die Besatzung der Amerikaner kämpfte? Zu ihm war die Botschaft vom Kriegsende noch nicht vorgedrungen. Dieser arme, inzwischen ältere Herr hatte zwanzig Jahre lang versteckt in den Wäldern um sein Überleben und für sein Vaterland gekämpft, obwohl längst Frieden herrschte. Ein tragischer Held. Es hat sicher viel Überzeugungsarbeit gekostet, diesen eingefleischten Kämpfer davon zu überzeugen, dass die Amerikaner inzwischen Freunde und wichtige Handelspartner der Japaner geworden sind und er seine Waffe nicht mehr benötigt.
So ähnlich geht es unseren inneren Anteilen, die immer noch in der Vergangenheit stecken und mit den besten Absichten für uns kämpfen. Wenn wir lernen, ihnen freundlich zu begegnen, erfahren wir viel über uns und unser Leben. Denn diese Anteile haben eine Menge an Erfahrungen und wertvollem Wissen in sich gespeichert.

Unsere inneren Anteile haben für kreative Lösungen gesorgt und uns geholfen, erwachsen zu werden.

GEBENDE UND NEHMENDE ZUGLEICH

Ich bin oft sehr erstaunt, mit welch unglaublich großer Geduld und Fürsorge gerade sehr selbstkritische Menschen mit anderen umgehen können. Kennen Sie das? Wenn Sie lernen, den inneren »Feinden« mit einem offenen Herzen zu begegnen, können Sie Tröstender und Trostbedürftiger in einer Person sein. Jeder innere Anteil ist ja ein Teil von Ihnen. Wenn Sie ihn bekämpfen, bekämpfen Sie sich selbst. Dabei können Sie nicht gewinnen.

Zum Glück haben Sie hier bereits einen anderen Weg eingeschlagen: den inneren Prozess der Veränderung durch Mitgefühl und Selbstannahme. Als erste wichtige Kompetenz haben Sie das Selbstmitgefühl kennengelernt – und weiter geht es mit der Gabe der Achtsamkeit.

REFLEXION

Der Wert Ihrer inneren Anteile

Halten Sie einmal inne und denken Sie über einen Ihrer inneren Quälgeister nach, der Sie im Alltag besonders belastet.

- *Was wäre passiert, wenn es diesen Anteil nicht gegeben hätte?*
- *Welche Funktion hatte dieser Anteil in Ihrem Leben, als er entstanden ist? Wovor hat er Sie geschützt?*
- *Welche Vorteile hat er Ihnen gebracht? Was haben Sie mit der Unterstützung dieses Anteils alles leisten können?*
- *Welche wichtigen Informationen kann er Ihnen geben?*
- *Welche Funktion hat dieser Anteil heute?*
- *Und wie gehen Sie Ihrerseits mit ihm um? Wie behandeln Sie ihn?*

DIE HEILSAME KUNST DER ACHTSAMKEIT

Markus wird von seinem Vorgesetzten angesprochen, weil der mit ihm einen Termin für den nächsten Vormittag vereinbaren will. Da sein Verhältnis zu dem Vorgesetzten nicht immer konfliktfrei war, traut sich Markus nicht zu fragen, worum es in diesem Gespräch gehen wird. Sofort nachdem der Termin gesetzt ist, ist Markus innerlich wie alarmiert. Er macht sich Gedanken und Sorgen darum, was das morgige Thema sein könnte. Er geht alle möglichen oder eventuellen Versäumnisse durch, die zur Sprache kommen könnten. Sein Katastrophisierer meldet sich und schiebt ihm den Gedanken unter, dass er vielleicht eine Abmahnung oder gar die fristlose Kündigung bekommen wird. Er grübelt den halben Abend und kann nachts nicht schlafen. Er ist völlig verstrickt in seine Gedanken und Ängste und kann gar nicht mehr unterscheiden, was reale Gefahren und was eingebildete Ideen sind, die nur in seinem Kopf existieren.

Verklebt mit den Gedanken

Die Akzeptanz- und Commitmenttherapie (ACT) bezeichnet es als »Fusion«, wenn Fakten und Gedanken komplett miteinander verschmolzen sind. Stellen Sie sich zwei Holzstücke vor, die zusammengeleimt sind. Man betrachtet die ursprünglich getrennten Teile nun als ein Brett, als einen einzigen Gegenstand. So meint Fusion, dass die Gedanken und die Sache, auf die sie bezogen sind, miteinander verklebt sind. Als wären unsere Gedanken und subjektiven Bewertungen gleichbedeutend mit Wahrheit, Objektivität und Realität.

FREUNDSCHAFTSDIENST

Die Gedanken beobachten

- Halten Sie für einen Moment inne und fragen Sie sich: »Was wird mein nächster Gedanke sein?« Beobachten Sie dann, was passiert. Wie lange dauert es, bis wieder ein Gedanke da ist? Und was passiert derweil?
- Wenn Gedanken auftauchen, lassen Sie sie einfach da sein und bewerten Sie sie möglichst nicht. Halten Sie Abstand, beobachten Sie und verstricken Sie sich nicht in die Inhalte.
- Wiederholen Sie nach ein paar Sekunden einfach die Frage: »Was wird mein nächster Gedanke sein?« Können Sie das Erstaunen in Ihrem Geist wahrnehmen? Die Lücke ohne Gedanken? Und dann die nächsten Inhalte?

Haben Sie das nicht auch schon erlebt, dass Sie sich viele Gedanken und Sorgen wegen eines anstehenden Gesprächs gemacht haben? Sie hatten Angst vor Kritik oder vor neuen Aufgaben. Das reale Gespräch dann verlief hingegen sehr freundlich und Sie haben von Ihrem Vorgesetzten sogar noch positive Rückmeldungen erhalten. Unsere Vorstellungen von den Dingen weichen oft sehr deutlich von der Realität ab. Noch anstrengender wird es, wenn dann auch noch der innere Kritiker ins Spiel kommt und sagt: »Das schaffst du nie!« Oder: »Wer weiß, was du alles falsch gemacht hast!« Wir verschmelzen mit solchen Gedanken und halten sie für wahr. Es ist, als ob wir gebannt im Kino sitzen und dabei völlig vergessen, dass es sich nur um einen spannenden Film handelt. Uns fehlt der Abstand. Im Kino ist der Film natürlich irgendwann zu Ende. Wir sehen den Abspann und merken, dass wir die ganze Zeit nur den projizierten Bildern gefolgt sind.

Plötzlich ist Abstand da – und mit diesem Abstand sollten wir auch immer wieder die Filme in unserem Kopf betrachten, die oft wenig über die aktuelle Realität aussagen. Sie sagen viel mehr über uns aus und darüber, wie wir die Dinge gerade sehen und bewerten.

ABSTAND ZU DEM, WAS GESCHIEHT

Was haben Sie bei der Übung der Gedankenbeobachtung erlebt? Haben Sie festgestellt, dass Sie ein wenig Abstand zum Denken bekamen, dass Sie Ihre Gedanken für eine kurze Zeit beobachten können, ohne sofort darin verstrickt zu sein? In der Akzeptanz- und Committmenttherapie wird dies als Defusion bezeichnet. Gedanken werden als Wörter, die durch unseren Kopf gehen, wahrgenommen. Wir müssen ihnen nicht automatisch glauben oder deren Anweisungen folgen.
Wir merken: Unsere Gedanken sind keine absoluten Wahrheiten und unsere inneren Feinde wiederholen eigentlich nur die früher gelernten Sätze. Damit verlieren viele Bewertungen ihre Macht über uns. Gedanken sind bloße Ereignisse in unserem Kopf und keine Fakten.

DER INNERE BEOBACHTER

Bei der letzten Übung konnten Sie eine weitere Entdeckung machen: In Ihnen gibt es eine Seite, die denkt, und eine andere Seite, die neugierig ist und die Gedanken beobachtet. Es gibt einen inneren Beobachter. Den aktivieren Sie auch auf folgende Weise: Sie halten ja vermutlich gerade ein Buch in Ihrer Hand. Achten Sie doch für einen Moment mal nicht auf dessen Inhalt, sondern auf Ihre Finger. Tasten Sie über die Kanten. Spüren Sie mit Ihren Fingerkuppen die flachen und rauen Oberflächen. Streicheln Sie über das Buch. Achten Sie für einen Moment auch darauf, welche Geräusche Sie hören.
In dem Augenblick, in dem Sie tasten, spüren, wahrnehmen, Ihre Aufmerksamkeit auf ein Buch, auf Geräusche oder auf einen Gedanken lenken, ist in Ihnen der innere Beobachter wach und aktiv. Er begleitet

Sie Ihr ganzes Leben. Denken Sie an Kinder, die alles aufmerksam erforschen – schon in ihnen ist er da. Wenn wir älter werden, wird er nur viel zu oft vom Denken überlagert. Dann ist es, als würden wir denken: »Ach, eine Erdbeere kenne ich, deshalb muss ich gar nicht mehr genau wahrnehmen, wie sie aussieht und schmeckt.«

ZURÜCK ZUR BEWUSSTEN WAHRNEHMUNG

Sie können in jedem Augenblick die Perspektive wechseln und Ihre Aufmerksamkeit bewusst auf die Erdbeere und ihren süßen Geschmack und ihre fruchtig-frische Konsistenz lenken. Oder auf das, was Sie gerade denken und was Ihnen eine innere Stimme einflüstert. Ihr innerer Beobachter ist ein weiterer schlummernder Schatz, den Sie nutzen können, um mit Ihren inneren Anteilen in Frieden zu kommen. Egal, was Sie tun oder denken, immer gibt es diese Seite, die wahrnimmt und bemerkt, dass Sie denken oder handeln.
Der Zugang zum inneren Beobachter ist sehr einfach: Sie lenken Ihre Aufmerksamkeit auf einen Gegenstand, Ihren Atem oder Ihre Gedanken und sind mit voller Aufmerksamkeit bei dem, was Sie gerade wahrnehmen. Das ist es. Mehr müssen Sie nicht tun.

Eine echte Hilfe

Der innere Beobachter sieht die Dinge so, wie sie in diesem Augenblick sind. Er greift nicht ein und beurteilt nicht. Er akzeptiert das, was auftaucht – wie ein Spiegel, der auch keine kritischen Kommentare abgibt. Ist das nicht beruhigend zu wissen, dass wir eine Perspektive einnehmen können, von der aus es keine Urteile gibt? Wir können freundlich und mitfühlend wahrnehmen: »Ah, ich denke gerade den Gedanken: Ich schaffe es nicht! Doch das ist nur ein Gedanke und noch lange nicht die Realität.«

FREUNDSCHAFTSDIENST

Achtsamkeit im Alltag

Durch Achtsamkeitsübungen können Sie Ihren inneren Beobachter intensiver nutzen lernen. Sie können die Achtsamkeit in den Alltag einbauen, um bewusst zu erleben, was Sie tun und denken. Damit entlarven Sie auch innere Anteile.

- **Ankommen:** In Gedanken sind wir meist in der Vergangenheit oder Zukunft, aber nicht im Hier und Jetzt. Lenken Sie deshalb immer wieder die Aufmerksamkeit auf die Gegenwart. Wo sitzen Sie gerade? Wo sind Ihre Beine und Füße? Nehmen Sie wahr, was Sie gerade mit Ihren Händen tun. Kommen Sie auch geistig und emotional an dem Ort an, an dem Sie sich körperlich befinden. Öffnen Sie sich für den Augenblick. Sie können das beim S-Bahn-Fahren, in einer Besprechung oder am Esstisch praktizieren.
- **Anker im Alltag:** Für unseren Geist ist es hilfreich, einen gewohnten Ankerplatz zu finden, an dem er sich beruhigen kann. Für ein Kind ist der Ankerplatz oftmals auf dem Schoß seiner Mutter. Für eine Freundin von mir ist es das Kuscheln mit ihrer Katze. Sie denkt dabei nichts mehr, ist ganz beim Streicheln und ihr Geist kommt zur Ruhe. Was kann Ihr Anker sein, um sich ganz mit dem Hier und Jetzt zu verbinden und die Gedanken zu beruhigen? Vielleicht eine Runde durch den Garten gehen? Ein paar Yoga- oder Entspannungsübungen am Abend?
- **Atempausen:** Schenken Sie sich regelmäßig am Tag für drei Minuten eine Atempause. Damit sind drei Minuten gemeint, in denen Sie Ihre Aufmerksamkeit ganz auf Ihren Atem lenken. Das kann im Büro, in der S-Bahn oder in der Küche sein. Es sollte sich möglichst um Zeiträume handeln, in denen Sie gerade nichts anderes tun. Sie können Ihren Atem noch deutlicher spüren, wenn Sie eine Hand auf den Bauch legen und mit der Handfläche nachempfinden, wie sich die Bauchdecke hebt und senkt.

- **Atemzählen:** Zählen Sie ab und zu in Gedanken still Ihre Atemzüge, immer von eins bis zehn. »Einatmen, Ausatmen, eins; Einatmen, Ausatmen, zwei …« Wenn Sie beim zehnten Atemzug angelangt sind, beginnen Sie wieder von vorn. Sie haben nichts anderes zu tun, als auf Ihren Atem zu achten und zu zählen. Wenn Ihre Gedanken abwandern, führen Sie sie sanft wieder zurück zum Atmen und zum Zählen. Wenn Sie bemerken, dass Sie das Zählen vergessen haben und in Gedanken abgeschweift sind, beginnen Sie wieder bei eins. Es ist in Ordnung, dass die Gedanken immer wieder wegwandern. Lenken Sie Ihre Aufmerksamkeit dann einfach zurück zum Atmen und beginnen Sie neu. Wenn Sie diese Atempause beenden wollen, können Sie das Zählen einfach ausklingen lassen.
- **Hören:** Achten Sie für einen Moment nur auf Geräusche. Hören Sie etwas in Ihrer Nähe oder von ferne? Vorbeifahrende Autos, Vogelgezwitscher oder Stimmen? Sie können auch gezielt Musik auflegen. Finden Sie heraus, bei welcher Musik es Ihnen gelingt, achtsam und »ganz Ohr« zu sein.
- **Achtsam gehen:** Nehmen Sie Schritt für Schritt wahr, wie Ihre Füße den Boden berühren und wieder angehoben werden. Bewusstes Gehen ist ein Genießen der Bewegungen, die Sie ganz in die Gegenwart bringen. Es gibt kein Ziel zu erreichen.
- **Wartezeiten nutzen:** Vielleicht müssen Sie ab und zu auf Ihre Kinder, einen Termin oder einen Bus warten. Widerstehen Sie doch mal dem Impuls, das Handy zu zücken oder die entstehende Lücke anderweitig zu füllen. Entdecken Sie den überraschenden Freiraum als Gelegenheit, wieder achtsam in der Gegenwart anzukommen. Achten Sie darauf, wie Sie sitzen oder stehen. Nehmen Sie Ihren Atem wahr. Machen Sie sich bewusst, dass es gerade nichts zu tun gibt, dass Sie einfach da sitzen oder stehen können, ohne etwas verändern zu müssen. Erlauben Sie sich, für diesen Moment einfach zu sein. Sie müssen nichts leisten, niemand erwartet jetzt etwas von Ihnen. Sie sind einfach und atmen.

WER ÜBERNIMMT DIE FÜHRUNG?

Stellen Sie sich einen Schrank mit verschiedenen Schubladen vor. Die einzelnen Fächer sind beschriftet mit »innerer Kritiker«, »Antreiber«, »Katastrophisierer« und so weiter. Neben jedem Fach gibt es einen Knopf und wenn man darauf drückt, springt die Schublade auf und der darin schlummernde Anteil kommt hervor.

Wenn »unsere Knöpfe« gedrückt, unsere wunden Punkte berührt werden, tauchen die unterschiedlichen Anteile aus dem Unterbewusstsein auf und werden aktiv. Wenn unsere viel zitierte Claudia einen wichtigen Termin hat und sich dafür zurechtmacht, geht die Schublade ihres inneren Kritikers auf und er kommentiert bösartig, wie Claudia sich anzieht und schminkt. Und die erwachsene Frau mutiert zu einem kleinen, pummeligen, unattraktiven Kind, das verunsichert versucht, der überkritischen Mutter zu gefallen.

DER AUTOPILOT

So ähnlich funktioniert auch unser Gehirn. Natürlich gibt es in unserem Kopf keine Schränke und Schubladen, aber dort sind alle unsere Erfahrungen abgespeichert und unter markanten Überschriften assoziativ verknüpft. Häufig benutzte Schubladen gehen umso schneller auf und bestimmen automatisch unser Denken, Fühlen und Handeln. Wenn wir das nicht bemerken, handeln wir reflexhaft, wir reagieren automatisch. Wir schalten auf Autopilot: Ein Knopf wird gedrückt, die Schublade des inneren Kritikers oder Katastrophisierers geht auf und er nimmt die Führung an sich.

Sicher kennen Sie solche Situationen, in denen Sie völlig automatisch handeln. Es sind in der Regel alltägliche Momente, zum Beispiel wenn wir essen, ohne bewusst wahrzunehmen, was wir gerade essen. Oder wir stehen vor der offenen Kühlschranktür und fragen uns: »Was wollte ich noch?« Wir sind nicht bei der Sache.

NEUE BEWUSSTHEIT

Unser innerer Beobachter ist die Instanz, die den Autopiloten abschalten und uns wieder zu Bewusstsein bringen kann. Dazu müssen wir die Aufmerksamkeit in die Gegenwart lenken und bemerken, was läuft. Der innere Beobachter ermöglicht uns, die inneren Anteile in Aktion zu bemerken. Wenn wir den inneren Kritiker in diesem Sinne betrachten lernen, haben wir schon ein wenig Abstand. Es ist, wie wenn wir beim Autofahren den Gang wechseln. Wir nutzen die Gangschaltung unseres Geistes, um in den inneren Beobachter zu wechseln. Unsere Selbstwahrnehmung wird eingeschaltet, wir können in Echtzeit in den Prozess eingreifen. Der Erwachsene in uns übernimmt die Führung.

FREUNDSCHAFTSDIENST

Welche Schublade ist offen?

- Halten Sie inne und spüren Sie Ihren Körper. Was empfinden Sie gerade? Welche Gedanken gehen Ihnen durch den Kopf?
- Stellen Sie sich einen Schrank mit seinen Schubladen vor, auf denen die Bezeichnungen für die inneren Anteile stehen. Welche davon ist gerade offen? Welcher Anteil ist momentan aktiv? Können Sie ihn sehen oder fühlen?
- Und nun: Begrüßen Sie den Anteil freundlich. Bemerken Sie, dass der Antreiber da ist, sagen Sie vielleicht: »Hallo, Antreiber. Es ist okay, dass du gerade da bist.« Sie müssen nichts tun, geben Sie ihm einfach die Erlaubnis, da zu sein. Auch wenn es schwerfällt, bringen Sie auch dieser Seite Mitgefühl und Freundlichkeit entgegen. Geben Sie ihm Raum und beobachten Sie.

HEILSAM MIT SICH SELBST KOMMUNIZIEREN

Durch Selbstmitgefühl und Achtsamkeit lernen wir, in schwierigen Situationen bewusst und freundlich wahrzunehmen, was geschieht. Wir halten inne – wechseln den Gang – und benennen, welcher Anteil aktiv ist. Nun kommt die dritte Fähigkeit ins Spiel: die gute Kommunikation mit uns selbst und damit auch mit dem Anteil. Verhaltenstherapeuten sprechen von »Selbstinstruktion« oder »Selbstverbalisation«, in systemischen Ansätzen ist von »Selbstdialog« die Rede.

SCHON AM TEDDY WURDE GEÜBT

Auch diese Fähigkeit erwerben wir sehr früh: Wenn wir ein Kind, das sich verletzt hat, getröstet und ihm ein Pflaster auf die Wunde geklebt haben, pusten wir vielleicht noch, damit der Schmerz nachlässt. Nach ein paar Stunden können wir beobachten, wie das Kind den Teddybär oder die geliebte Puppe auf den Schoß nimmt und ihm gut zuredet, mit denselben Worten, die es von uns gehört hat. Der Teddy bekommt auch ein Pflaster auf die Wunde und es wird gepustet. Das Erlebte wird nachgespielt und dabei verinnerlicht. Auf ähnliche Weise haben wir Sprache erworben und Beziehungserfahrungen abgespeichert.

Früh erlebte äußere Dialoge wurden wiederholt und zu inneren Dialogen gemacht.

AUSSTEIGEN AUS DER EMOTIONENSPIRALE

Denken Sie einmal an Situationen, in denen Ihnen ein Missgeschick widerfährt. Zum Beispiel suchen Sie Ihr Handy. Sie spüren, wie innerlich Unruhe und Panik aufkommen. Das ist natürlich die Gelegenheit für den inneren Kritiker, der schon anhebt, Sie zu beschimpfen. Aber Sie können auch freundlich und beruhigend mit sich selbst reden: »Bleib mal ganz ruhig. Du hast das Handy immer wiedergefunden. Erst mal langsam. Wie hast du es das letzte Mal gefunden? Da hast du doch mit dem Festnetztelefon die Handynummer gewählt, vielleicht klappt das auch diesmal.« Sie wählen die Handynummer und hören es unter einem Stapel Zeitungen klingeln. Gefunden!

Das selbstberuhigende Gespräch hilft, innerlich Abstand zu nehmen von der Unruhe und der Panik. Durch das innerliche Sprechen können wir unsere Stressalarmzentrale, die Amygdala im Gehirn, etwas beruhigen. Wir behalten selbst das Steuer in der Hand und haben Zugang zu all den Ideen und Ressourcen, die in der Situation zur Verfügung stehen. Wir können die Aufmerksamkeit auf Lösungsmöglichkeiten lenken. Wenn wir uns selbst beruhigen können, steigt die Wahrscheinlichkeit, dass uns weiterführende Ideen einfallen.

Das beruhigende Selbstgespräch ist wie das fürsorgliche Gespräch einer Mutter mit ihrem emotional erregten Kind. So spricht der Erwachsene in uns, mit all seinen guten Beziehungserfahrungen, seinen vielfältigen Ressourcen und Lösungsmöglichkeiten.

DAS GESPRÄCH MIT DEN INNEREN ANTEILEN

Diese Art der beruhigenden, tröstenden und aufbauenden Kommunikation mit uns selbst kann gezielt im Umgang mit unseren inneren Anteilen genutzt werden. Wir kommunizieren dann nicht mit uns als ganzer Person, sondern gezielt mit einem Anteil und behandeln diesen als eine eigenständige Person. Dabei ist es hilfreich, auf ein paar Dinge zu achten, die ich Ihnen im Folgenden mit einigen praktischen Anregungen ins Bewusstsein rufen möchte.

DIE FEINDE WURDEN ZU FREUNDEN

Ist der innere Erwachsene entwickelt, schauen wir mit Mitgefühl auf die inneren Anteile. Wir erkennen deren positive Absicht, und so verwandeln sie sich in Unterstützer.

Okay, ich motiviere dich für deine ganz persönlichen Ziele.
Innerer Antreiber
SELBSTSCHUTZSYSTEM
Okay, ich warne dich vor echten Problemen.
Katastrophisierer

DER INNERE ANTEIL WIRD GREIFBAR

Wenn wir von einem unserer Anteile gestört oder attackiert werden, ist es wichtig, ihn als das zu bemerken, was er ist: nur ein Anteil von uns. Er ist nicht alles. So entsteht Raum. Für viele ist es hilfreich, ein vorgestelltes oder äußerlich sichtbares Bild von dem Kritiker zu entwickeln oder sogar einen Gegenstand zu wählen, der diesen Anteil repräsentiert. Viele meiner Klienten haben es als wirksam erlebt, für eine gewisse Zeit eine Spielzeugfigur, einen Schlüsselanhänger oder ein Stofftier bei sich zu haben, die sie symbolisch für ihren schwierigsten inneren Anteil nutzen. Über diese Figur können sie mit ihm kommunizieren. Das geht dann erstaunlich leicht, denn durch eine kleine symbolhafte Figur in unserer Hand wird für uns sinnlich begreifbar, was sonst nur in unseren Gedanken und inneren stummen Dialogen abläuft. Dadurch dass wir den »Quälgeist« als Figur in der Hand und vor unseren Augen halten, entsteht tatsächlich ein Abstand zu ihm.

Mit einem Augenzwinkern

Lassen Sie ruhig ein wenig Humor und spielerische Freude beim Auswählen der Figur dabei sein. Wenn Sie merken, dass Ihr innerer Kritiker wie ein Schlumpf oder Dagobert Duck aussehen sollte, dann ist ein großer Schritt der Veränderung in der Beziehung zu diesem Anteil passiert. Sie sollten sich immer wieder daran erinnern, dass die inneren »Persönlichkeiten« meist kindliche Anteile von uns sind, sodass eine symbolische Repräsentation durch Spielzeugfiguren angemessen ist. Innere Anteile tragen viel Wissen in sich und haben in unserer Lebensgeschichte für kreative Lösungen gesorgt. Wenn wir ihnen einen Namen geben und ihre »Biografie« erfahren, können wir sie uns gut vorstellen.
Immer sollten Sie ein stimmiges Gefühl haben, dass die gewählte Figur zu dem inneren Anteil passt, den Sie damit meinen.

FREUNDSCHAFTSDIENST

Das Symbol für Ihren Anteil

Nun ganz konkret: Wählen Sie eine Figur für den Anteil aus, mit dem Sie arbeiten wollen. Nehmen Sie sich Zeit, durch Spielwarenläden zu schlendern oder Kisten mit Erinnerungsgegenständen zu durchsuchen. Die Figur sollte am besten in die Hosentasche passen. Sie können auch ein Bild malen.

AUF DU UND DU MIT DEM INNEREN ANTEIL

Jeder Anteil hat in unserem Leben eine Funktion. Um die kennenzulernen und insgesamt mehr über ihn zu erfahren, sollten wir nicht nachdenken, sondern mit diesem Anteil direkt sprechen, so als sprächen wir mit einer anderen Person. Es ist wie ein Gespräch unter vier Augen, bei dem Ihnen Ihre Spielzeugfigur sehr helfen kann. Sie können sie dazu in einem angemessenen Abstand auf den Tisch vor sich stellen oder auf einen zweiten Stuhl setzen. Das Gespräch mit den inneren Anteilen gelingt dann am besten, wenn wir anerkennen, dass sie eine positive Absicht verfolgen und uns etwas zu sagen haben. Folgende Fragen können in solch einem Gespräch hilfreich sein:

- Wie heißt du eigentlich? Hast du einen Namen?
- Was ist deine Absicht?
- Wovor willst du mich schützen?
- Wie sollte ich mich aus deiner Sicht verhalten?
- Wann bist du entstanden?
- Gibt es bestimmte Situationen, in denen ich dich gebraucht habe und froh sein kann, dass du da warst?
- Wozu warst und bist du ganz allgemein in meinem Leben notwendig?

- Was wäre passiert, wenn du mich nicht unterstützt hättest?
- In welchen Situationen wirst du vor allem aktiv?
- Sind noch andere Anteile mit dir verbunden?
- Wie könnten wir in Zukunft friedlicher und für beide Seiten angenehmer miteinander umgehen?
- Was wünschst du dir von mir?
- Was könnte ich tun, damit du dich entspannen kannst?

Solche Fragen können Sie Ihrem inneren Anteil einmal in einem ruhigen Moment stellen. Vertrauen Sie darauf, dass es klappt, mit ihm ins Gespräch zu kommen. Begrüßen Sie ihn freundlich, fragen Sie und warten Sie ab, welche Antworten kommen.

Wenn Sie seine Rolle verstanden haben, sollten Sie sich bei ihm bedanken. Das fällt vielleicht schwer, weil manche Anteile in unserem Leben auch sehr viel Leid verursacht haben und noch verursachen. Versuchen Sie, sich aber immer wieder die positive Absicht dieses Persönlichkeitsbereichs vor Augen zu führen. Außerdem sind Sie durch Ihre neu gewonnene Achtsamkeit, Ihr Selbstmitgefühl und Ihre neue Fürsorglichkeit nicht mehr das Opfer innerer Feinde, sondern ein aktiver Gestalter auf dem Weg zu einer Freundschaft mit diesen inneren Wesensteilen.

Der Alterstest

Machen Sie einen kleinen Test und fragen Sie den inneren Anteil, ob er weiß, wie alt Sie sind. Viele Anteile wissen das nämlich gar nicht, sie stecken noch fest in der vergangenen Situation und denken, dass sie ein hilfloses Kind beschützen müssen. In der Kommunikation mit ihnen geben wir ihnen die Möglichkeit, nachzureifen und erwachsen zu werden. Und damit werden sie auch hilfreiche Verbündete für uns statt lästige Störer.

PERSÖNLICHE ERFAHRUNGEN

Claudias Dialog mit dem Kritiker

Kommen wir noch einmal zurück zu Claudia und ihrem inneren Kritiker, der sie vor allem immer dann anfällt, wenn sie vor dem Spiegel steht und sich für ein Treffen oder eine Veranstaltung zurechtmachen will. Um ihm auf freundliche und endlich klärende Weise näherzukommen, setzte sie sich in Ruhe mit einer Plastikfigur als Symbol für diesen Anteil hin, begrüßte ihn freundlich und stellte ihm einige Fragen:

»Wann bist du entstanden?«

»In der Zeit, als deine Mutter dich wegen deinem Aussehen oft kritisiert und beschimpft hat. Ich habe ihre Kritik übernommen und verinnerlicht, damit du auch wirklich immer gut angezogen und hübsch bist und keine Schwierigkeiten bekommst.«

»Gibt es Situationen, in denen ich dich gebraucht habe?«

»Ja, und ob! Ich habe dich kritisiert, bevor deine Mutter es tun konnte. So konntest du dein Verhalten ändern und von deiner Mutter doch wieder geliebt werden. Ich habe dich vor noch mehr Kritik und Liebesentzug beschützt. Immer dann, wenn es um dein Aussehen und ums Essen ging.«

»Dazu warst du also in meinem Leben wichtig?«

»Ja. Ich habe die Beziehung zu deinen Eltern verbessert.«

»Was wäre denn passiert, wenn du mich nicht unterstützt hättest?«

»Na, ganz klar, deine Eltern hätten dich ganz sicher noch mehr beschimpft. Sie hätten dich abgelehnt und nicht geliebt. Sie hätten dich so, wie du bist, nicht akzeptiert.«

»Was willst du? Wie sollte ich mich verhalten?«

»Ich will, dass du gut aussiehst, um nicht zurückgewiesen zu werden. Und du solltest möglichst alles dafür tun: abnehmen, dich hübsch kleiden, nett aussehen, lieb sein. Ich will dich vor Ablehnung beschützen.«

»Ich danke dir. Ich verstehe dich jetzt viel besser und will überlegen, wie ich mit deinen Anregungen umgehen werde.«

FREUNDSCHAFTLICHES VERHANDELN

Wenn wir freundlich Kontakt aufgenommen haben und langsam vertrauter mit einem Anteil werden, können wir uns mit ihm unterhalten wie mit einem guten Bekannten. Entscheidend ist dabei, dass der Anteil uns vertrauen lernt. Dann muss der Katastrophisierer keine Katastrophen mehr an die Wand malen, der Antreiber kann sich gelassen zurücklehnen und der Kritiker kann auf seine Attacken verzichten. Unser inneres Stress- und Antriebssystem kann sich beruhigen und wir erleben, wie wir als Erwachsene die Führung über alle Belange unseres Alltags übernehmen.

Das Vorgehen ist recht einfach: Sobald Sie wahrnehmen, dass ein Anteil aktiv wird, begrüßen Sie ihn freundlich. Vielleicht nehmen Sie sogar die Figur zur Hand oder berühren sie in Ihrer Hosentasche. Versuchen Sie, innerlich Abstand von dem Anteil zu bekommen. Sind Sie beispielsweise zu einem Fest eingeladen und bemerken dabei, dass sehr

Der Blickkontakt-Test

Bitten Sie den Anteil, mit dem Sie gerade arbeiten, Sie einmal genau anzusehen. Es ist wie beim Alterstest von Seite 88: Die meisten Anteile haben die erwachsene Seite von uns nie wahrgenommen. Zu bemerken, dass wir mittlerweile erwachsen sind, kann zunächst sehr verwirrend für sie sein, aber auch für uns selbst. Es ist zugleich jedoch eine wohltuende Erfahrung, wenn innere Anteile begreifen, dass es jetzt einen Erwachsenen gibt, der die Schutzfunktion sehr gut – und sehr viel besser – übernehmen kann. Der innere Anteil fühlt sich dann nicht mehr so allein und muss nicht mehr so angestrengt um unser Überleben kämpfen. Es dauert allerdings manchmal seine Zeit, bis bei einzelnen Anteilen diese Informationen ankommen und sie begreifen, dass in der Gegenwart wirklich keine Gefahr mehr droht.

viele fremde Leute da sind, taucht möglichweise Ihr Vermeider auf und sagt: »Bloß weg hier!« Da Sie aber eine erwachsene Person sind, mit vielen Fähigkeiten und Möglichkeiten, von denen der Vermeider nichts weiß, ist es die Gelegenheit, ihm das mitzuteilen und erfahrbar zu machen. Also fragen Sie ihn: »Wovor hast du Angst?« Darauf kommt die Antwort: »Mir ist es peinlich, hier allein zu sitzen. Ich kenne niemanden und werde bestimmt abgelehnt.«
Sie aber können nun sagen: »Vielen Dank, dass du mich beschützen möchtest. Ich bin mir sicher, dass ich nicht so abgelehnt werde wie früher in der Schule. Es besteht wirklich keine Gefahr. Ich bin hierhergekommen, um Menschen zu begegnen, die ich noch nicht kenne. Ich bitte dich darum, mich dabei zu unterstützen, mit ein paar Leuten zu sprechen, die ganz interessant sein könnten. Weißt du, wenn ich mich immer verstecke, werde ich ziemlich einsam.«
Der innere Vermeider ist vielleicht weiterhin unsicher und zögerlich. In diesem Fall können Sie ihn fragen: »Gibt es etwas, das ich tun oder sagen kann, damit du dich etwas sicherer fühlst?« »Du kannst ja als Erstes auf jemanden zugehen, den du schon kennst, dann wird es einfacher und weniger bedrohlich.« Sie können dies innerlich zusagen und auch in die Tat umsetzen und so Schritt für Schritt das Vertrauen des Vermeiders gewinnen.

PERSÖNLICHE ERFAHRUNGEN

Hilfe zur rechten Zeit

Britta ist Journalistin und hat ihren Kritiker gebeten, sie in den ersten Phasen eines neuen Projekts in Ruhe zu lassen. Wenn der Text für einen Artikel steht, darf er seine Kritik anbringen und ihr helfen, noch besser zu werden. Diese Vereinbarung funktioniert für beide.

FREUNDSCHAFTSDIENST

Dem Anteil Sicherheit vermitteln

Wählen Sie eine Situation, in der ein innerer Anteil in Aktion tritt. Besprechen Sie mit ihm, was seine Absicht ist und wovor er Sie bewahren will.

- Fragen Sie sich dabei auch, wie Sie als erwachsene Person am liebsten mit dieser Situation umgehen würden. Was sind Ihre Ziele? Sind Sie sich sicher, dass Sie als Erwachsener kompetent mit der Situation umgehen können? Wenn ja, dann versichern Sie Ihrem Anteil, dass keine Gefahr besteht.
- Bitten Sie ihn, dass er in dieser Situation zurücktritt und dem Erwachsenen die Führung überlässt. Machen Sie ihm klar, dass Sie sich handlungsfähig und sicher fühlen. Versprechen Sie dem Anteil aber keine Dinge, die Sie nicht halten können. Beginnen Sie mit kleinen Schritten. Wenn der innere Anteil zögert oder Nein sagt, fangen Sie an, mit ihm zu verhandeln, bis er zustimmt.
- Achten Sie im Anschluss an ein solches Gespräch darauf, was in der realen Situation passiert. Übernimmt der Anteil doch die Führung, treten also alte Verhaltensmuster auf? Nehmen Sie dann wieder innerlich Abstand und bitten Sie ihn, zurückzutreten. Fragen Sie ihn auch, was er gerade von Ihnen als Erwachsenem zur Beruhigung benötigt. Was würde ihm helfen?
- Fragen Sie sich selbst: Haben Sie als erwachsene Person gehandelt? Was war das Ergebnis? Machen Sie auch eine freundliche »Nachbesprechung« mit dem inneren Anteil.
- Prüfen Sie im Alltag, ob der Anteil Ihnen langsam vertrauen lernt. Nutzen Sie am besten Ihr Tagebuch dafür. Sie können die Figur auch immer mal wieder vor sich auf den Tisch stellen und ihr versichern, dass alles in Ordnung ist. Erinnern Sie sich immer wieder daran: Alle Anteile tragen in sich eine gesunde Absicht. Wenn es uns gelingt, sie zu überzeugen, dass ihr schützendes Verhalten nicht mehr nötig ist, können sie erleichtert loslassen.

DIE WICHTIGSTEN SCHRITTE BEIM VERHANDELN

Die wesentlichen Dinge, auf die Sie beim Verhandeln mit einem inneren Anteil achten sollten, hier noch einmal in der Übersicht:

- → Sie bemerken und benennen den Anteil, wenn er aktiv wird. Eine symbolische Figur oder Darstellung erleichtert die Bewusstmachung.
- → Über Zwiegespräche bauen Sie eine vertrauensvolle Beziehung auf.
- → Sie lernen die spezifischen Situationen immer besser kennen, in denen er auftaucht und Sie schützen will.
- → Wenn ein Anteil im Alltag auftritt, bitten Sie ihn, zur Seite zu treten, sodass Sie innerlich Abstand gewinnen können und Ihre erwachsene Seite präsent sein und aktiv werden kann.
- → Sie hören sich das Anliegen des Anteils an und finden heraus, wovor er Sie beschützen will, was also seine positive Absicht ist.
- → Bitten Sie den Anteil auch immer wieder zwischendrin, sich zu entspannen. Geben Sie ihm die Rückmeldung, dass seine Ängste in der Vergangenheit berechtigt waren, aber in der Gegenwart nicht relevant sind, da das Befürchtete nicht eintreten wird.
- → Falls reale Gefahren bestehen, beschreiben Sie Ihre Pläne und die konkreten Schritte, die Sie vorhaben, um sich und Ihre verletzlichen Seiten angemessen zu schützen.
- → Lernen Sie, mit dem Anteil zu verhandeln, sodass der Erwachsene immer klarer die Führung übernimmt und der innere Anteil sich beruhigen kann und loslassen lernt.

DIE BESTEN BERATER JEDERZEIT ZUR STELLE

Mit der Zeit können Sie Ihre inneren Anteile als Coach zurate ziehen. Der Katastrophisierer kann Sie dann frühzeitig über Gefahren in einem Projekt informieren. Der Erwachsene kann fragen: »Welche Schwierigkeiten siehst du? Wovor willst du mich warnen? Gibt es etwas, das ich übersehe?« Es könnte ja sein, dass ein innerer Anteil eine echte Gefahr

PERSÖNLICHE ERFAHRUNGEN

Grenzen definieren

Sarah hat lange Jahre unter einem starken inneren Kritiker gelitten. Folgendes half ihr: Sie hat ihre Spielzeugfigur, wenn es besonders heftig wurde, einfach auf die Fensterbank gestellt, sodass sie Abstand zu diesem Anteil bekommen konnte. Oft hat sie dann gesagt: »Du bleibst heute zu Hause, ich gehe allein einkaufen.« Ihr gelang es immer wieder, der beißenden Kritik mit Humor zu begegnen. Durch die tägliche Arbeit mit der Figur konnte sie Schritt für Schritt das Vertrauen des Kritikers gewinnen. Gleichzeitig setzte sie Grenzen, wenn er verletzend wurde.

erkennt und uns warnen will: vor einem Job, der eine Überforderung darstellt, oder einem Menschen, der uns ausnutzt. Deshalb sollte der Erwachsene diese Hinweise ernsthaft und rational prüfen.
Oft melden sich unsere Anteile auf eine sehr harte und verletzende Weise zu Wort. Vor allem unser innerer Kritiker bewertet oder beschimpft uns. Auch darauf sollten wir reagieren und antworten: »Ich danke dir für deine Rückmeldung, aber wenn du mich verletzt und kränkst, ist das für mich nicht hilfreich. Ich bitte dich, dass du mich freundlicher behandelst.« Oder es können auch deutlichere Grenzen gezogen werden: »Ich möchte von dir nicht so behandelt werden. Es ist mir gerade egal, ob du recht hast oder nicht.«

MIT ALLEM, WAS SIE SIND

Wenn Sie mir bis hierhin gefolgt sind, haben Sie bereits einen guten Teil des Weges zurückgelegt, auf dem Sie Ihre inneren Saboteure zu Freunden und Ratgebern werden lassen. Es ist wie mit einem Schmerz: Wenn Sie schon einmal versucht haben, einen körperlichen Schmerz oder auch einen Tinnitus »loszuwerden«, dann haben Sie vielleicht gemerkt, dass Kampf und Widerstand dagegen das Problem verstärken. Wenn wir Gedanken, Gefühle oder innere Anteile loswerden wollen, passiert genau das Gegenteil: Wir machen sie stark und leiden dann umso mehr unter ihrem Einfluss.

Auf Achtsamkeit und Mitgefühl basierende Ansätze schlagen ein völlig konträres Vorgehen vor, nämlich dass wir Freundlichkeit und Liebe für uns selbst und für alle Anteile, die wir in uns tragen, entwickeln. Es lohnt sehr, mit diesen Anteilen in einen fruchtbaren Dialog zu treten. Sie alle haben ihren Sinn, sie sind wichtig für unser Leben, und wenn wir das mitfühlend anzunehmen lernen, verwandeln sie sich. Wir kommen »nach Hause« und lernen, mit der ganzen Breite und Tiefe unseres menschlichen Erlebens wir selbst zu sein.

PERSÖNLICHE ERFAHRUNGEN

Teamwork im eigenen Kopf

Maja arbeitet als Krankenpflegerin in einer Klinik und einige dort reden schlecht über sie. Außerdem werden wichtige Informationen nicht an sie weitergeleitet. Sie hat mehrere Versuche unternommen, mit ihren Kolleginnen zu reden, und ihren Vorgesetzten um Unterstützung gebeten. Das aber nützte nichts. Maja ist sehr alarmiert und fühlt sich gestresst. Ihr innerer Katastrophisierer meldet sich laufend. Maja gibt ihm recht, dass es unfair und ungerecht ist, was im Team läuft. Sie bittet ihn aber darum, noch sechs Monate durchzuhalten, weil sie dann ihre Ausbildung abschließt. Dann, so verspricht sie, wird sie sich sofort auf eine neue Stelle bewerben. Sie verspricht auch, bis dahin alles zu tun, um sich zu schützen, und bittet ihn, sie bei wirklicher Gefahr zu warnen. Ihr Katastrophisierer fühlt sich gesehen und beruhigt sich etwas.

Die Anteile verwandeln

Humorvolle, provokative und auch sehr rationale Methoden helfen Ihnen, jeden einzelnen der inneren Problemkandidaten nach und nach ins Herz zu schließen und zu »erlösen«. Nutzen Sie all diese Strategien völlig flexibel. Sie werden entdecken, wie das Gute mit dem Schlechten verbunden sein kann und dass hinter dem Leidvollen oft sehr viel Freude wartet.

UMGANG MIT DEM INNEREN KRITIKER

Den inneren Kritiker erkennen wir vor allem daran, dass er uns bewertet. Er führt Statistik über jeden vermeintlichen Fehler, den wir gemacht haben, und reibt ihn uns unter die Nase. Er wiederholt permanent dieselben Themen, zum Beispiel dass wir nicht attraktiv oder klug genug seien. Wir können dann nicht mehr offen und neugierig mit uns selbst umgehen, sondern betrachten uns durch die abwertenden Augen unseres inneren Kritikers. Dieses negative Denken führt zu häufigen Wiederholungen. Als wenn eine Schallplatte einen Sprung hätte, gehen uns dieselben negativen Gedanken wieder und wieder durch den Kopf. Das reduziert unsere Offenheit, unsere Leistungsfähigkeit und unsere Zufriedenheit.
Deshalb lohnt es sich, Strategien zu entwickeln, um den inneren Kritiker zu besänftigen und das Negativdenken zu reduzieren.
Im letzten Kapitel haben Sie bereits eine Menge Techniken kennengelernt, die Sie auf alle inneren Anteile anwenden können – insbesondere Mitgefühl, Achtsamkeit und das freundliche Zwiegespräch. Nutzen Sie all das auch speziell für den Umgang mit Ihrem inneren Kritiker. Dazu kommen hier weitere erprobte Methoden.

DEN KRITIKER BESÄNFTIGEN

Das Wichtigste ist zunächst, den Kritiker überhaupt zu bemerken. Wenn Sie den Test ab Seite 20 gemacht haben, dann wissen Sie, ob er bei Ihnen zu den stärkeren inneren Kräften gehört. Mit gezielten Beobachtungen kommen Sie ihm dann weiter auf die Spur: Gibt es bestimmte negative Schlüsselsätze, die Sie ständig wiederholen? Oder erkennen Sie ihn am Tonfall, der plötzlich hart und aggressiv wird? Gibt es bestimmte Situationen, in denen er aktiv wird? Wenn Sie zu viel gegessen haben oder nach einer Besprechung, wenn Sie noch einmal jeden Satz durchgehen, den Sie gesagt haben, und grübeln, ob es wohl richtig war und was die anderen jetzt wohl über Sie denken? Mit der Zeit werden Sie Ihren inneren Kritiker gut kennen und wissen, wann er sich einmischt und welche Themen ihn beschäftigen.

MÖGLICHKEITEN, DEN KRITIKER ZU BESÄNFTIGEN

→ Erinnern Sie sich daran, dass er nur ein Teil von Ihnen ist. Ein Gedanke, den Sie beobachten können, ein Gefühl, das Sie wahrnehmen. Als Erwachsener sind Sie mehr als Ihre Gedanken, Gefühle und inneren Anteile. Und Sie können die Führung übernehmen.

→ Nehmen Sie die kleine symbolhafte Kritikerfigur in die Hand oder berühren Sie sie in der Hosentasche. Begrüßen Sie den Kritiker: »Hallo, ich weiß ja, dass du mich eigentlich unterstützen und schützen willst. Aber wenn du mich so angreifst, hilft mir das im Moment nicht weiter.«

→ Erinnern Sie Ihren Kritiker daran, dass es heute nicht mehr nötig ist, das Kind, das Sie einmal waren, zu beschützen. Informieren Sie ihn immer wieder neu über die Gegenwart und darüber, dass Sie mittlerweile erwachsen sind und für sich einstehen können.

→ Nehmen Sie Kontakt auf mit dem Hier und Jetzt. Was sehen Sie? Was hören Sie? Spüren Sie in Ihren Körper hinein. Wo stehen oder sitzen Sie? Was berühren Ihre Beine gerade?

DIE BOTSCHAFTEN VERWANDELN

Unser innerer Kritiker hat seine Lieblingsthemen und Steckenpferde, auf denen er gern herumreitet. Wissen Sie, was seine zentrale Botschaft ist? Was redet er Ihnen ein? »Du bist ein Versager!« »Stell dich nicht so blöd an!« »Du bist zu dick, so bist du nicht liebenswert.« Kümmern Sie sich einmal gezielt um seine Aussagen und wandeln Sie sie auf eine hilfreiche Weise um. Die folgenden Anregungen unterstützen Sie dabei.

FREUNDSCHAFTSDIENST

So entmachten Sie die Kritik

- Verzichten Sie darauf, die Äußerungen des Kritikers zu bekämpfen oder zu unterdrücken. Dadurch würden Sie dem Kritiker viel Macht über sich geben. Überzeugen und gewinnen Sie ihn besser durch Freundlichkeit. Mit einem freundlichen Selbstgespräch lenken Sie gleichzeitig Ihre Energie und Aufmerksamkeit auf konstruktive Lösungen.
- Üben Sie den inneren Dialog, wie Sie zukünftig mit verletzenden Bewertungen Ihres Kritikers umgehen wollen. Notieren Sie seine Gedanken und schreiben Sie alternative Antworten auf. Vor Vorträgen und Seminaren hatte ich früher oft die Sorge zu versagen, eine kritische Stimme sagte: »Das schaffst du nie.« Mir hat dann der innere Satz geholfen: »Ich habe gerade Angst, es nicht zu schaffen, aber es ist noch kein Meister vom Himmel gefallen. Ich werde mein Bestes geben und aus meinen Fehlern lernen.«
- Mit einem Sowohl-als-auch können Sie Ihrem Kritiker zugestehen, dass er in gewissem Sinne recht hat, und ihn trotzdem daran erinnern, dass Sie als erwachsene Person positiv mit der Situation umgehen wollen. Sagt der Kritiker beispielsweise: »Wie konntest du nur so blöd sein und wieder den Einkaufszettel vergessen!«, antworten Sie: »Ja, das stimmt, das ist jetzt blöd. Aber ich mach das Beste daraus und versuche, mich daran zu erinnern, was auf dem Zettel stand.«
- Sie können sich auch fragen, was Ihre beste Freundin in diesem Moment zu Ihnen sagen würde. Sagen Sie das dann zu sich selbst. Vielleicht: »Das ist jetzt schiefgegangen. Ich mag dich aber trotzdem.«
- Sie können nach einer Kritikerattacke auch die Aufmerksamkeit zurück auf die Handlung lenken: »Okay, wenn ich jetzt etwas falsch gemacht habe, dann werde ich den Fehler korrigieren.« Gehen Sie dabei am besten in kleinen Schritten vor, wenn Sie sonst Gefahr laufen, sich zu überfordern.

- Redewendungen und Weisheitssprüche können Ihnen helfen, sich an positive Kräfte und Möglichkeiten zu erinnern. Vielleicht: »Im Herzen des Sturmes ist Ruhe« oder »Probieren geht über Studieren«. Notieren Sie sich solche Sätze, die Ihnen guttun und die Sie an Ihre Stärken und Ressourcen erinnern. Lesen Sie sie möglichst oft.
- Gibt es Gegenbeweise für die Aussagen des inneren Kritikers? Vielleicht auf Postkarten oder E-Mails von Freunden, die zum Ausdruck bringen, dass Sie so, wie Sie sind, akzeptiert und gemocht werden? Nutzen Sie all solche Dinge und auch Ihre Erinnerungen, um sich immer neu zu vergewissern, dass der Kritiker in seinen Verallgemeinerungen nicht recht hat.

AUSWEGE AUS DER GRÜBELFALLE

Wenn unser Denken über uns selbst immer negativer wird, wenn wir wieder und wieder um dasselbe Misserfolgserlebnis kreisen und unsere Gedanken immer abstrakter werden, fern von Lösungen oder Veränderungen, dann sprechen Psychologen von Grübeln. Intensive Selbstkritik kann der Einstieg sein. Führen Sie sich vor Augen, dass Grübeln eine Falle ist, in die Sie immer tiefer hineingeraten, je mehr Sie sich kritisieren und an negativen Ereignissen festhalten. Grübeln erzeugt ein Zerrbild voller unangenehmer Gefühle und beengender Gedanken.

DAS GRÜBELN BEMERKEN

Um aus der Grübelfalle herauszukommen, ist es als Erstes wichtig, das Grübeln zu bemerken. »Aha, ich grüble gerade.« Wir sollten uns eingestehen, dass die endlosen Gedankenschleifen zu nichts führen. Vor allem, wenn wir Warum-Fragen nachhängen: »Warum musste ausgerechnet mir das passieren? Warum immer ich? Warum können die Dinge nicht anders sein?« Warum-Fragen sind meistens stark vergangenheitsorientiert, bewertend und so abstrakt, dass wir darauf keine konkrete Antwort erhalten. Durch Denken gelingt es meist nicht, die Grübelspiralen zu beenden, viel wirkungsvoller sind Handlungen.

HINEIN IN DIE AKTIVITÄT

Wissenschaftliche Untersuchungen haben gezeigt, dass Aktivität das Grübeln reduziert. Am besten sind Tätigkeiten, die uns interessieren, die wir schätzen und bei denen wir ein paar kleine Erfolgserlebnisse haben. Sie fordern von uns die volle Aufmerksamkeit und es können

Grübelzeiten festlegen

In wissenschaftlichen Untersuchungen konnte gezeigt werden, dass sich das Grübeln durch dafür reservierte Zeiten stark verringert. Probieren Sie es aus: Legen Sie beispielsweise fest, dass Sie heute Nachmittag von 17 bis 17.20 Uhr über den Konflikt mit einem Kollegen nachdenken. Sie können dabei auch den inneren Kritiker einbeziehen. Sobald tagsüber Grübelgedanken oder selbstkritische Kommentare auftauchen, erinnern Sie sich an den festgelegten Zeitpunkt. Sobald es 17 Uhr ist, nehmen Sie sich etwas zum Schreiben und sinnen über das Thema nach. Arbeiten Sie dabei am besten mit Wie-Fragen: »Wie geht es mir mit der Sache? Wie geht es jetzt weiter? Wie kann ich das Problem lösen?« Schreiben Sie auf, welche Ideen Ihnen einfallen.

Achten Sie darauf, dass Sie um 17.20 Uhr aufhören. Werden Sie wieder aktiv und lenken Sie Ihre Aufmerksamkeit auf die entsprechende Tätigkeit.
Ein spannender Effekt: Oft merken Menschen, die Grübelzeiten festlegen, dass das Thema gar nicht mehr so wichtig ist. Durch den zeitlichen Aufschub verliert es an Intensität und Dringlichkeit. Es ist dann natürlich völlig in Ordnung, auf die vereinbarte Grübelzeit zu verzichten.

dabei wieder positive Gefühle entstehen, die uns öffnen, sodass auch positive Gedanken auftauchen. Viele berichten, dass ihnen Gartenarbeit, Rad fahren, Handarbeit, Freunde treffen, spazieren gehen, mit dem Hund spielen, kochen oder backen guttun. Wenn Sie zu Grübeleien neigen, könnten Sie es fortan als Signal wahrnehmen: »Aha, ich grüble gerade, dann ist es Zeit für mich, aktiv zu werden.« Sicher finden Sie schnell heraus, welche Tätigkeiten für Sie am wirkungsvollsten sind.

WER KRIEGT ES EIGENTLICH AB?

Bislang ging es um die Seite des »Angreifers«. Wie aber steht es um die angegriffene Seite, die verletzliche Seite, die kritisiert und beschimpft wird? Wie fühlen Sie sich, wenn Sie sich selbst kritisieren? Achten Sie einmal nicht auf die Worte des Kritikers, sondern auf Ihr Gefühl. Meist fühlen wir uns während einer Selbstkritikattacke klein, dumm, voller Scham oder Schuldgefühle, einfach nicht liebenswert. In diesem Moment spüren wir das verletzliche Mädchen oder den verletzlichen Jungen in uns. Diese Seite benötigt Wärme und Zuwendung. Versuchen Sie, freundlich mit dem kindlichen Anteil zu reden: »Dir geht es schlecht, du bist traurig und frustriert, weil du gerade so viel arbeiten musst. Was könnte dir guttun? Ich möchte, dass du wieder glücklich bist.« Bei diesem freundlichen Selbstgespräch können Sie sich auch sanft über den Arm streicheln oder sich in eine Decke kuscheln.

Dieses kleine Mädchen, dieser kleine Junge ist jetzt der wichtigste Mensch, für den Sie sorgen sollten.

Das innere Kind

In psychotherapeutischen Ansätzen wird vom inneren oder verletzlichen Kind gesprochen. Diese Seite von uns wird vor allem dann aktiv, wenn wir uns von anderen zurückgewiesen, kritisiert oder unter Druck gesetzt fühlen und wenn wichtige Bedürfnisse bedroht werden wie die nach Nähe oder Sicherheit.
Wir können dann regelrecht von intensiven Gefühlen überschwemmt werden. Der innere Kritiker kann uns durch seine Kommentare und Abwertungen so kränken und verletzen, dass unser inneres Kind ebenfalls schmerzhaft spürbar wird. Wir erleben dann beides, die beißende Kritik und den Schmerz darüber. Die gute Nachricht ist: Wir können lernen, das Kind in uns zu schützen, zu trösten und seine Bedürfnisse zu erfüllen.

Vielleicht meldet sich das verletzliche Kind und wünscht sich, Musik zu hören, oder es möchte einfach nur wahrgenommen werden. Manchmal kommen auch sehr kindliche Wünsche ins Bewusstsein – Comics lesen, kuscheln oder ganz früh ins Bett gehen. Erfüllen Sie dieser gekränkten Seite von Ihnen diese Wünsche. So kommen Sie in Kontakt mit dem inneren Fürsorgesystem, dabei wird das Wohlfühlhormon Oxytocin freigesetzt und Stress abgebaut. Schenken Sie die Zuwendung und Liebe, die Sie sonst anderen entgegenbringen, sich selbst.

DEN SCHMERZ ANNEHMEN

Wenn Sie sich nach einer Attacke Ihres inneren Kritikers traurig oder verletzt fühlen, machen Sie sich Ihr verletzliches Kind bewusst. Nehmen Sie die Gefühle und Bedürfnisse in diesem Moment ernst. Und wenn Ihnen eine Stimme sagt: »Stell dich nicht so an, du hast keinen Grund, traurig zu sein«, dann ist das wieder der innere Kritiker. Bitten Sie ihn, auf die Seite zu treten, oder stellen Sie die Figur, die Sie von ihm haben, für eine Weile vor die Tür. Erlauben Sie sich, das zu fühlen, was gerade da ist. Seien Sie verständnisvoll mit sich selbst. Sie können Ihre verletzliche Seite begrüßen und ebenfalls mit Worten trösten: »Hallo, es ist in Ordnung, dass du da bist. Wie fühlst du dich gerade? Was kann ich für dich tun?« Versuchen Sie nicht, die Gefühle zu verändern. Öffnen Sie einfach Ihr Herz für das, was da ist. Reagieren Sie mit Mitgefühl, sodass sich dieser verletzte innere Anteil sicher und verbunden mit Ihnen als Erwachsenem fühlt.

FREUNDSCHAFTSDIENST

Ein Ort der Geborgenheit

Vielleicht bemerken Sie, dass die verletzliche Seite Angst hat. Es kann dann hilfreich sein, mit ihr an einen sicheren und geborgenen Ort zu gehen.

- Suchen Sie sich in der Vorstellung einen angenehmen Ort, an dem Sie sich geborgen und entspannt fühlen können: vielleicht ein Meeresstrand, eine vertraute Landschaft, eine Höhle im Wald oder auch ein Zimmer.
- Betrachten Sie dieses Bild Ihres sicheren Ortes. Was sehen Sie? Welche Farben sind da und wie ist das Licht? Vielleicht können Sie Geräusche hören? Achten Sie auf den Geruch in der Luft. Erleben Sie mit allen Sinnen Ihren Ort der Ruhe und sprechen Sie von hier aus mit Ihrem inneren Kind. Es darf sich sicher fühlen und alle Angst loslassen.
- Genießen Sie für einige Momente Ihren Ort der Geborgenheit. Bereiten Sie sich dann darauf vor, sich von dort zu verabschieden. Sie wissen, dass Sie jederzeit dahin zurückkehren können.
- Kommen Sie nun mit der Aufmerksamkeit ganz zurück in Ihren Körper und in den Raum, in dem Sie sitzen oder liegen. Strecken Sie sich genüsslich.

Wenn Sie einen solchen Ort mit dem inneren Kind gemeinsam suchen, dann fragen Sie es am besten, was es sich wünscht, und gestalten Sie gemeinsam den Ort, sodass das innere Kind sich wohlfühlt. Seien Sie geduldig und vertrauen Sie auf Ihre Kreativität – es kann ein Fantasieort mit viel Kraft und Magie entstehen.

INNERE HELFER ENTDECKEN

Viele unserer inneren Anteile sind aus negativen Beziehungserfahrungen erwachsen. Wir machen aber selbstverständlich lebenslang auch positive Erfahrungen mit Menschen und wir können sie zur inneren Stärkung nutzen. Es kann eine Freundin sein, die uns anlacht,

FREUNDSCHAFTSDIENST

Ihr starkes Hilfsteam

Suchen Sie sich einen oder sogar mehrere innere Helfer, bei denen Sie auftanken und Trost finden können. Es sollten Menschen sein, die Ihnen gute Gefühle bescheren, wann immer Sie an sie denken. Vielleicht fühlen Sie sich von diesen Menschen besonders gut verstanden oder Sie haben eine gute Zeit mit ihnen verbracht. Es kann jemand aus der Gegenwart sein oder auch aus der Vergangenheit. Nehmen Sie sich einen ruhigen Moment und seien Sie neugierig, wer Ihnen dazu einfällt. Welche Gefühle, Bilder, Gedanken und Körperempfindungen tauchen dabei auf? Wählen Sie eine oder mehrere Personen aus, die eine bestimmte Qualität für Sie verkörpern, wie Freundlichkeit, Mitgefühl oder Mut. Es können auch lieb gewonnene Haustiere oder ein Fantasiewesen sein. Nur Eltern oder Partner sollten Sie hierfür nicht nehmen.

- Mit einem solchen inneren Helfer lässt sich auf die unterschiedlichste Weise zusammenarbeiten. So können Sie sich mit ihm ebenfalls in einem imaginierten Zwiegespräch austauschen. Lassen Sie Ihre bisherigen Erfahrungen mit dieser Person dabei ganz lebendig werden. Stellen Sie sich ganz konkret vor, dass dieser Mensch mit Ihnen im Raum ist, Ihnen zur Seite steht und Sie schützt und berät. Spüren Sie die tiefe Verbundenheit zwischen Ihnen beiden. Nehmen Sie die Geborgenheit und Gelassenheit, die Weisheit und Stärke wahr, die von Ihrem inneren Helfer ausströmt?
- Vielleicht wollen Sie etwas Spezielles mit Ihrem Helfer besprechen?
  Sie können sich mit ihm beispielsweise sehr gut über Ihre Sorgen mit dem inneren Kritiker austauschen und fragen, was der Helfer dazu rät. Erzählen Sie ihm, was Sie bewegt. Reden Sie es sich von der Seele und lassen Sie sich von seiner Antwort überraschen. Lauschen Sie nach innen, welche Botschaft Ihnen auffällt – vielleicht ein Wort, ein Satz, ein Bild oder eine Liedzeile?
- Oder gibt es etwas Konkretes, das Ihr Helfer Ihnen in dieser Angelegenheit sagen sollte, das Sie von ihm einfach gern wissen möchten? Bitten Sie ihn um eine Botschaft, wenn Sie das wollen.
- Gibt es außerdem etwas, was Sie gern von ihm hören würden?
- Genießen Sie in vollen Zügen das Zusammensein mit dieser wohlwollenden und stützenden Instanz in Ihnen.
- Prägen Sie sich diese positive Erfahrung ein, sodass Sie immer wieder darauf zurückgreifen können, wenn Sie etwas Zuspruch brauchen. Spüren Sie ganz bewusst die Gefühle der Stärkung, des Angenommenseins, die Sie im Zusammensein mit dem inneren Hilfer wahrnehmen. Sie können jederzeit erneut mit diesem Wesen in Kontakt treten. Können Sie sich vorstellen, dass es zu einem vertrauten Begleiter für Ihr Leben wird? Sie können sich immer wieder mit ihm verabreden, unabhängig davon, ob Sie dem entsprechenden Vorbild in der Außenwelt davon erzählen oder nicht.
- Wenn Sie sich nun innerlich verabschieden und es für Sie passend ist, können Sie sich bei ihm bedanken.

wenn sie uns sieht, oder das Verständnis von einem Kollegen oder früherem Lehrer. Es kann eine freundliche Nachbarin oder eine fürsorgliche Verwandte sein, die uns guttun.
Sie können auch mehrere innere Helfer wählen. Bei einem dieser Wesen erfahren Sie dann vielleicht Trost und Geborgenheit und ein anderer unterstützt Sie dabei, mutig eine neue Aufgabe in Angriff zu nehmen. Es kann auch Partner für besondere Lebenssituationen geben, in denen Sie Unterstützung benötigen, beispielsweise für das Gespräch mit dem Vorgesetzten oder den Umgang mit Sterben und Tod.

PERSÖNLICHE ERFAHRUNGEN

Claudias Helfer

Sicher erinnern Sie sich an Claudia und ihren inneren Kritiker, der immer dann laut wurde, wenn es um ihre Figur und ihre Kleidung, ganz allgemein um ihr Aussehen ging. Sie wählte als innere Helferin ihre langjährige Freundin Karolin. Sie sieht sie nur ein- oder zweimal im Jahr, aber sie fühlt sich von ihr angenommen. Wenn die beiden sich treffen, ist sofort eine tiefe Vertrautheit und Verbundenheit da. In ihrer Gegenwart braucht Claudia nicht über Kleidung, Frisur oder ihre Augenringe nachzudenken. Sie kann einfach sie selbst sein, egal, ob sie gerade einen guten oder einen schlechten Tag hat.
Sie lädt Karolin also regelmäßig innerlich zu einem Gespräch zu sich ein. Bei dieser Übung zum inneren Helfer fällt ihr dann immer ein, wie sie von ihrer Freundin strahlend begrüßt und in die Arme genommen wird. Sie genießt das einfach ganz bewusst. Wenn sie später wieder einmal an sich selbst zweifelt, dann stellt sie sich vor, dass Karolin ihr zur Seite steht. Sie hört die Worte der Freundin: »Du bist so ein wunderbarer Mensch, du brauchst nicht an dir zu zweifeln. Ich mag dich so, wie du bist.«

KONTROLLE VERLIEREN, LEICHTIGKEIT GEWINNEN

Unser innerer Kritiker verdirbt uns oft die Leichtigkeit, die Freude und den spielerischen Umgang mit den Herausforderungen des Lebens. Spontaneität und Improvisation sind für ihn schwer auszuhalten, ihm geht es um Kontrolle und Bewertungen.

Versuchen Sie deswegen, gerade wenn Sie einen starken Kritiker in sich tragen, Räume zu schaffen, in denen Spiel, Spaß und Spontaneität möglich sind. Gemeinsam mit Kindern, Katzen und Hunden geht das am leichtesten, denn sie sind Meister darin. Lassen Sie sich anstecken, spielen Sie mit, erlauben Sie sich herumzutoben, auch wenn mal die Hose dreckig oder ein Glas umgeschüttet wird.

IM FLOW DAS LEBEN GENIESSEN

Erlauben Sie sich, das spontane Glück des Augenblicks zu erleben, das nicht erarbeitet oder vorbereitet werden muss. Entdecken Sie es beim Schlendern durch den Wald oder über eine Wiese. Entdecken Sie die Verspieltheit und die spontane Schönheit eines Regenbogens oder der Abendsonne. Besuchen Sie vielleicht sogar einen Improvisations- oder einen Malkurs. Fangen Sie an, laut zu singen, unter der Dusche oder im Auto. Tanzen Sie im Regen oder holen Sie mal wieder die alten Jugendbücher und Spiele vom Dachboden. Greifen Sie zu dem Musikinstrument, das irgendwo in der Ecke verstaubt.

Wenn Ihr innerer Kritiker in solchen Situationen auftritt, bitten Sie ihn, beiseitezugehen, und erinnern sich selbst ebenso wie ihn daran, dass Sie ein Recht haben, glücklich und fröhlich zu sein. Es ist das Geburtsrecht aller Menschen. Erinnern Sie sich immer wieder daran: Sie dürfen Spaß haben! Sie haben ein Recht auf Freude und Genuss. Sie dürfen jetzt glücklich sein. Fragen Sie sich dabei: Was macht Sie eigentlich leicht und froh? Bei welchen Aktivitäten erleben Sie Ihre spielerische Seite? Mit wem lachen Sie am meisten?

UMGANG MIT DEM INNEREN ANTREIBER

Wenn unser innerer Antreiber aktiv ist, dann stehen wir unter Strom, wollen möglichst schnell oder auch perfekt unsere Aufgaben erledigen und Ziele erreichen. Er fordert vor allem im Beruf, aber auch im Haushalt und bei der Kindererziehung die besten Leistungen – und das sofort. Wir haben Angst davor, nicht die Anerkennung, das Geld oder die Liebe zu bekommen, die wir brauchen.

SEIN STATT UNENTWEGT TUN

Das ständige Empfinden, unter Zeitdruck zu stehen, gehört zu den Hauptauslösern eines Burnouts. Wenn wir gehetzt und in Eile sind, laufen in unserem Körper Stressreaktionen ab, langfristig schädigen wir unsere Gesundheit. Es lohnt auch deswegen, den inneren Antreiber zu zügeln. Wenn er aktiv ist, sind wir mit der Zukunft beschäftigt, immer schon einen Schritt voraus. Die Gegenwart ist nicht in Ordnung, erst muss noch eingekauft oder eine Prüfung abgelegt werden.

Für ein einzelnes Schaf ist es sehr schwierig, langsamer zu laufen, wenn die ganze Herde getrieben herumrennt.

Wo sind Sie?

Ein Zen-Schüler fragt seinen Meister: »Was unterscheidet den Zen-Meister von einem Zen-Schüler?« Der Meister antwortet: »Wenn ich gehe, dann gehe ich. Wenn ich esse, dann esse ich. Wenn ich schlafe, dann schlafe ich.« »Aber das mache ich doch auch!« »Wenn du gehst, denkst du ans Essen, und wenn du isst, dann denkst du ans Schlafen. Wenn du schlafen sollst, denkst du an alles Mögliche. Das ist der Unterschied.«

Oder das Leben scheint erst dann in Ordnung, wenn ein Kind da ist oder ein Karriereziel erreicht ist. Es besteht eine Kluft zwischen dem Ist- und dem Soll-Zustand und wir versuchen, diese Kluft zu überwinden. Doch wenn wir immer nur an die Zukunft denken, belügen wir uns selbst. In der Regel erreichen wir ein Ziel und schon sehen wir am Horizont das nächste. Wenn wir ein Kind haben, wollen wir ein zweites. Dann ist die Wohnung allerdings zu klein und wir brauchen eine größere, aber dafür reicht das Geld nicht, daher müssen wir mehr arbeiten und eine bessere Position erlangen … und so geht das weiter und weiter. Die Kluft zwischen Wunsch und Wirklichkeit ist immer neu da und lässt die Gegenwart stets zu einer defizitären, unbefriedigenden Durchgangsstation verkümmern. Das wird als Tun-Modus beschrieben. Der Sein-Modus ist genau das Gegenteil davon: Wir sind einfach mit dem, was ist.

DEN SEIN-MODUS KULTIVIEREN

Man muss natürlich nicht erst ein Zen-Meister werden, um die wohltuende Entspanntheit des Sein-Modus zu erfahren. In diesem Zustand steht die Gegenwart im Vordergrund. Der Fokus ist eher auf Erlauben und Akzeptieren gerichtet. Es gibt keinen Standard, der erreicht werden muss. Alles ist so okay, wie es gerade ist. Sie können

diesen Moment voll und ganz erleben, ohne dass Sie etwas verpassen würden. Sie erfahren die Gegenwart mit allen Sinnen. Sie schmecken den Apfel, den Sie gerade essen, und spüren die Wärme der Sonne auf der Haut. Im Tun-Modus hingegen erleben Sie nicht wirklich, was geschieht, Sie sind viel mehr gedanklich mit dem beschäftigt, was Ihrer Ansicht nach sein sollte, damit Sie zufrieden sein könnten. Der Tun-Modus ist der Schnell-hinter-mich-bring-Modus. Sie versuchen, die Dinge abzuhaken, ohne wirklich in Verbindung mit dem zu sein, was Sie tun und erleben. Ohren anlegen und durch!
Das klingt tatkräftig, aber gleichzeitig spannen Sie sich innerlich an und versuchen unentwegt, Ihr Tun zu beschleunigen.
Den Zugang zum Sein-Modus haben wir alle, wir vernachlässigen ihn nur sehr oft, vor allem, wenn wir einen starken inneren Antreiber haben. Aber Sie können jeden Augenblick vom Tun- in den Sein-Modus und zurück wechseln. Ganz nach Bedarf. Es kann geübt und mit der Zeit verinnerlicht werden.

EINFACH UMSCHALTEN

Durch regelmäßige Achtsamkeitsübungen lernen Sie, die Gangschaltung Ihres Geistes bewusst zu bedienen. Durch folgende Anregungen können Sie umschalten lernen. Bald klappt es dann wie von selbst und Sie rutschen nicht mehr so leicht in die Fänge Ihres inneren Antreibers.

→ Lenken Sie Ihre Aufmerksamkeit in die Gegenwart. Was sehen Sie? Welches Licht umgibt Sie? Was hören Sie? Wo sind Sie? Nehmen Sie Ihren Körper wahr. Was machen Ihre Füße?

→ Beginnen Sie, ganz bewusst im Hier und Jetzt zu leben. Hören Sie auf, an der Vergangenheit zu kleben oder sich um die Zukunft zu sorgen. Öffnen Sie sich für die Gegenwart, Sie werden viele neue Informationen für ein reiches und erfülltes Leben erhalten.

→ Nehmen Sie Ihre Gedanken und Impulse als Vorgänge Ihres Geistes wahr, die kommen und gehen. Sie ziehen vorbei wie Wolken am Himmel, wie es oft in Meditationen heißt.

FREUNDSCHAFTSDIENST

Im Dialog mit dem Antreiber

Fragen Sie Ihren inneren Antreiber zunächst, ob er einen Schritt zur Seite treten kann. Dann ist Abstand da und Sie können ihn besser verstehen. Fragen Sie ihn:

- Was willst du erreichen, indem du mich ständig so antreibst? Wovor hast du Angst, wenn ich langsamer arbeite oder ganz allgemein weniger tue? Wovor willst du mich schützen? Vielleicht vor Misserfolgen, Ablehnung oder existenziellen Nöten? Möglicherweise aber auch davor, dass ich zur Ruhe komme und mich einsam oder traurig fühle? Was genau ist es?
- Honorieren Sie die anstrengende Arbeit, die der Antreiber in Ihrem Leben verrichtet. Öffnen Sie sich für die innere Not, die mit diesem Anteil Ihrer selbst zusammenhängt. Und bitten Sie ihn, dass er Sie künftig unterstützt, angenehmere Wege bei allem Tun zu finden.
- Überlegen Sie sich dann, was Ihnen als Erwachsenem hier und heute wertvoll und wichtig ist. Vielleicht wollen Sie künftig eins nach dem anderen erledigen, sich auf eine Sache konzentrieren, Ihre Ziele gesund erreichen.
- Oder Sie sagen: Es geht um mich, darum, meine Bedürfnisse anzunehmen und die Situationen mit all dem Unerledigten und Unfertigen zu akzeptieren.
- Vielleicht sagen Sie, Sie wollen endlich wieder das Leben spüren und genießen, Sie wollen Ihre Freude wiederentdecken.
- Teilen Sie Ihrem Antreiber mit, was Ihnen wichtig ist. Bitten Sie ihn darum, Sie bei dieser neuen Ausrichtung zu unterstützen. Es wird damit auch für ihn selbst entspannter werden, da er ebenfalls loslassen und alles etwas lockerer angehen kann. Es braucht sicher etwas Geduld, bis die Botschaften aus dem Hier und Jetzt beim Antreiber ankommen. Bleiben Sie klar bei dem, was Ihnen in Ihrem Leben ab jetzt wichtig ist. Dann wird er nachziehen.

- Kommen Sie bei dem an, was ist. Betrachten Sie es und machen Sie das Beste draus. Versuchen Sie, sich bewusst zu machen, wie oft Sie das Leben in irgendeine Richtung zu zwingen versuchen. Nach einer Zeit werden Sie immer öfter Situationen erleben, wo das gar nicht unbedingt sein müsste. Lassen Sie dann los. Kommen Sie in der Gegenwart an, auch wenn Sie sich in diesem Moment nicht wohlfühlen. Nehmen Sie die Qualität dieses Augenblicks und Ihr Erleben wahr. Verändern wird es sich sowieso, so wie sich alles ständig wandelt.
- Wechseln Sie bei alltäglichen Verrichtungen immer mal wieder in den Sein-Modus. Spüren Sie, was Sie tun. Bemerken Sie, was Sie fühlen.

FREUNDSCHAFT SCHLIESSEN

Wenn Sie sich wieder einmal getrieben fühlen und unter Druck stehen, um noch schneller zu sein, dann kann es helfen, für einen Moment innezuhalten und sich zu fragen: »Was treibt mich gerade so an?« Vielleicht entdecken Sie die flüsternde (oder schreiende) Stimme, die sagt: »Du musst noch dies und jenes erledigen! Mach doch schneller, beeil dich, streng dich an!« Machen Sie sich diesen inneren Anteil deutlich bewusst, das hilft bereits, aus der Tretmühle herauszukommen. Sie können auch wieder eine kleine Figur nutzen, mit der Sie als erwachsene Person einen Dialog führen, siehe ab Seite 86.

PERFEKT AUSBALANCIERT

Durch ständiges Getriebensein verlieren wir mit der Zeit unser inneres Gleichgewicht. Psychologen sprechen von einem »optimalen Toleranzfenster« zwischen Über- und Untererregung. Innerhalb dieses Fensters können Informationen gut verarbeitet, Belastungen toleriert und bewältigt werden. Wir fühlen uns wohl, sind zufrieden und gesund. Bewegen wir uns innerhalb dieses Fensters, erleben wir einen Zustand des Gleichgewichts. Wird dieses Fenster der optimalen Erregung aber verlassen, kommen wir aus dem Gleichgewicht. Dies kann durch

Übererregung und Überforderung ebenso geschehen wie durch Unterforderung. Es ist immer wieder ratsam, sich zu fragen, ob man sich noch in diesem Fenster befindet oder ob man auf der einen oder anderen Seite »aus dem Rahmen« gefallen ist.
Wir verfügen über eine Art übergeordneten Gleichgewichtssinn: Durch unsere Gefühle und Körperempfindungen bekommen wir Rückmeldung darüber, wie es um uns steht. Wir haben also immer die Möglichkeit, frühzeitig unsere Grenzen zu bemerken. Nur müssen wir Überforderungssignale wie beispielsweise Verspannungen, Schlafstörungen, Nicht-mehr-abschalten-Können wahrnehmen und vor allem ernst nehmen. Kommen Sie in Kontakt mit Ihren momentanen Bedürfnissen und fragen Sie sich: Was würde mir jetzt guttun? Was würde mir helfen, wieder in mein inneres Gleichgewicht zu gelangen? Lassen Sie sich Zeit. Sie tragen die Antwort in sich.
Der Antreiber beachtet unsere Bedürfnisse nach Erholung und Ruhe nicht. Darauf dürfen wir nicht warten. Er orientiert sich nur an äußeren Anforderungen und beherrscht uns mit seiner Diktatur des Müssens und Sollens. Aber wir können da selbststeuernd eingreifen.

PERSÖNLICHE ZIELE UND DIE FREUDE DARAN

Es gibt Ziele und Motive, die dazu führen, dass wir uns stärker antreiben als notwendig, dass wir übers Ziel hinausschießen. Das kann einerseits aus einer Angst heraus entstehen – wir fürchten, ansonsten den Job zu verlieren oder die Prüfung nicht zu schaffen. Es kann aber auch passieren, weil wir von einer Aufgabe so begeistert sind, dass wir lange Zeit gar nicht merken, dass wir beinahe durcharbeiten und uns letztlich doch erschöpfen. Immer haben wir es zu einem großen Teil selbst in der Hand, das Maß unseres Einsatzes festzulegen. Genau das sollten wir nun aber auch bewusst tun. Damit schaffen wir eine Klarheit, die es auch dem Antreiber ermöglicht, sich zurückzulehnen. Denn wir folgen Regeln und begeben uns damit nicht in eine Gefahr, die ihn zum Handeln zwingt. Wir arbeiten friedlich zusammen.

REFLEXION

Ganz persönliche Maßstäbe

Halten Sie für einen Moment inne und fragen Sie sich: Mit welchen persönlichen Zielen und Motiven verfolgen Sie Ihre berufliche Tätigkeit? Was ist Ihnen dabei besonders wichtig? Und mit welchen persönlichen Motiven üben Sie ein Hobby aus? Was spornt Sie dabei an? Was wollen Sie in beidem erreichen? Was ist Ihnen wirklich wichtig, was bringt sogar Freude?

DAS PARETO-PRINZIP

Mit der oben beschriebenen Reflexion werden Sie bemerken, dass es für viele Aufgaben genügt, mittelmäßige Leistungen zu erbringen. Reicht es nicht, den Haushalt mittelmäßig in Ordnung zu halten? Ist die perfekte Ordnung überhaupt erreichbar? Oder im Beruf: In vielen Arbeitsfeldern nehmen bürokratische Anforderungen extrem zu. Oft geht es nur darum, dass formale Anforderungen erfüllt und abgehakt werden. Auch bei manchen Prüfungen geht es um nichts anderes, als dass man das Zertifikat bekommt. Perfektionistische Ansprüche kosten in diesen Bereichen nur unnötig Zeit und Energie. Deshalb ist es wichtig, flexibel auf Anforderungen reagieren zu lernen. Dies drückt auch die 80-20-Regel aus, das bekannte Pareto-Prinzip. Es besagt, dass wir mit 20 Prozent unseres Einsatzes 80 Prozent der Wirkung erzielen. Für die noch fehlenden 20 Prozent zum »Perfekten« benötigen wir dann 80 Prozent der Zeit und Energie. Das heißt, das Verhältnis von Aufwand und Energie kippt. Wir müssten, um weitere Verbesserungen zu erzielen, die vielfache Anstrengung investieren. Lohnt sich das? Wollen wir das? Sicher nicht. Wir müssen nun nur

noch unserem inneren Antreiber verständlich machen, wann es sich lohnt und wichtig ist, volle Leistung zu bringen, und wann es angemessen und pragmatisch ist, durchschnittliche Ergebnisse abzuliefern. Sicher fallen Ihnen schnell einige berufliche oder private Aufgaben ein, bei denen durchschnittliche Ergebnisse okay sind, oder?
Die Tätigkeiten, bei denen Ihr Perfektionismus stark zum Tragen kommt und Sie sich verzetteln, sollten Sie in dieser Hinsicht untersuchen. Sie können ja immer vorher festlegen, bei welchem Ergebnis Sie aufhören wollen, oder die Zeit festsetzen, die Sie investieren möchten. Wenn Sie das Ihrem Antreiber freundlich kommunizieren, wird er Sie nach und nach unterstützen. Sie geben sich die Erlaubnis, locker zu lassen. Es erfordert manchmal Mut, nicht perfekt vorbereitet zu sein oder etwas liegen zu lassen. Aber es befreit ungemein!

BELOHNEN SIE SICH FÜR TEILERFOLGE

Antreiber und Perfektionisten denken oft in Alles-oder-nichts-, Schwarz-oder-Weiß-Kategorien. Bringen Sie Ihrem Antreiber daher bei, dass es viel motivierender ist, Teilerfolge zu sehen und sich dafür zu belohnen. Manchmal erreicht man das gewünschte Maximalziel nicht. Immer aber kann man sich daran erinnern, dass man nach bestem Wissen und Gewissen gehandelt hat.
Belohnen Sie sich für die Anstrengung und Mühe, seien Sie nett zu sich selbst. Sagen Sie zu sich: »Das hast du gut gemacht.« »Das hast du geschafft, obwohl es ganz schön anstrengend war.« Klopfen Sie sich selbst auf die Schulter. Nach einer intensiveren Arbeitsphase gehe ich beispielsweise gern in ein Musikgeschäft und lasse mir Zeit, ausgiebig in CDs reinzuhören. Und manchmal schenke ich mir eine.
Wie können Sie sich für das Erreichen von Teilerfolgen belohnen? Vielleicht überlegen Sie es sich sogar schon vorher. Oft benötigen wir in anstrengenden und besonders arbeitsintensiven Phasen besondere Zuwendung. Es ist wichtig – und auch einfach schön –, dann noch liebevoller mit uns selbst umzugehen.

WER VIEL FALSCH MACHT, LERNT VIEL

Wenn Sie Klavier spielen, interpretieren Sie ein Stück so, wie Sie es gerade können. Es ist ein Ausdruck Ihrer derzeitigen Fähigkeiten. Ein Anfänger spielt wie ein Anfänger und ein Fortgeschrittener wie ein Fortgeschrittener. Das ist normal und in Ordnung. Stellen Sie sich nun vor, wie Ihr innerer Antreiber oder Perfektionist Ihnen einredet, dass Sie das eigentlich schon viel besser können sollten und dass andere viel schneller lernen und lange nicht so viele Fehler machen. Plötzlich ist es nicht mehr in Ordnung, wie Sie Klavier spielen, plötzlich müssen Sie sich anstrengen und die Freude ist weg.

FEHLER AKZEPTIEREN LERNEN

Überzeugen Sie Ihren inneren Perfektionisten im Zwiegespräch, dass Selbstakzeptanz leistungsfördernd ist, dass Fehlermachen menschlich ist und zu ganz normalen Lern- und Entwicklungsprozessen gehört. Ein guter Lehrer bringt seinen Schülern bei, wie sie aus Fehlern lernen können und wie sie die Angst vor dem Fehlermachen verlieren. Das Leben ist so ein guter Lehrer. Und wir können ebenso gute Lehrer für uns selbst werden. Dazu gehört:

- Hören Sie auf, um jeden Preis Fehler zu vermeiden. Seien Sie mutiger und testen Sie aus, was Ihnen mehr Leichtigkeit schenkt.
- Hören Sie auf, jeden Fehler zu vertuschen.
- Sprechen Sie mit Freunden und Bekannten darüber, wenn etwas schiefgelaufen ist. Das kann sehr erleichternd und oft erheiternd sein. Gehört es nicht mit zu den schönsten Erlebnissen unter Freunden, über eigene vergangene Fehlleistungen und Stolperer zu lachen?
- Wieder hilft auch die Vorstellung, was eine gute Freundin wohl zu der Sache sagen würde. Oder sprechen Sie direkt mit ihr. Schütten Sie Ihr Herz aus. Sie werden ganz sicher trotzdem geschätzt und geliebt. Vielleicht entsteht durch diese Offenheit sogar mehr Nähe.

WO LÄSST SICH STOPP SAGEN?

Hat Ihr Vorgesetzter Sie schon einmal gefragt, ob Sie Ihre E-Mails nicht auch abends von zu Hause aus oder im Urlaub beantworten können oder ob Sie auch am Wochenende telefonisch erreichbar wären? Von vielen heute wird das erwartet. Auch wird selbstverständlich von Überstunden ausgegangen. Selbstständige arbeiten oft bis in die Nacht und am Wochenende. Viele nehmen mehr Aufträge oder Klienten an, als sie eigentlich bewältigen können. Freizeit und Familie werden zunehmend von einer Welle erfasst, die aus dem Arbeitsleben kommt. Äußere und innere Antreiber tun sich zusammen. Und doch ist es unsere Verantwortung, einen gesunden Umgang damit zu finden.

FREUNDSCHAFTSDIENST

Aktiv Fehler machen

- Machen Sie ab und zu bewusst einen Fehler! Ja, wirklich! Seien Sie mal nachlässig. Geben Sie einen Bericht ab, auch wenn Sie ihn noch nicht hundertprozentig gut finden. Gehen Sie aus dem Haus, obwohl Sie nicht perfekt angezogen oder geschminkt sind. Lassen Sie die Arbeit einfach mal liegen und gehen Sie früher aus dem Büro, vor allem wenn schönes Wetter ist. Haben Sie den Mut zur Lücke und zum Improvisieren.
- Oder wagen Sie etwas Peinliches: Singen Sie auf der Straße, tanzen Sie im Regen oder informieren Sie sich bei der Verkäuferin über die angenehmsten Kondome. Sie sollten durch solche kleinen Experimente aber natürlich weder andere noch sich selbst schädigen.

GESUNDE STOPPS IM JOB

Wenn Ihnen Ihre Werte und Ziele wieder klar vor Augen stehen, steht ein Gespräch mit dem inneren Antreiber an. Überzeugen Sie ihn davon, dass Sie nun anderen Prioritäten folgen wollen. Das ist manchmal nicht ganz einfach, aber wenn Sie sich nicht für Ihre Werte und Ziele einsetzen, wer sollte es dann tun? Vorgesetzte beispielsweise wissen oft sehr genau, dass Mitarbeiter schlecht Grenzen setzen können. Seien Sie also mutig. Zeigen Sie inneren und äußeren Antreibern ein Stoppschild:

→ Sie haben ein Recht auf Pausen. Genießen Sie diese Zeiten regelmäßig. Wenn Sie selbstständig sind, dann stellen Sie sich einen Wecker oder geben die Zeiten in Ihr Handy ein. Wenn es klingelt, ist Pause.

REFLEXION

Was wäre, wenn …?

Stellen Sie sich vor, ein Arzt hat bei Ihnen eine schwere Erkrankung festgestellt und teilt Ihnen mit, dass Sie noch ein Jahr zu leben haben. Würden Sie genauso weiterarbeiten wie bisher? Würden Sie sich von den alltäglichen Anforderungen genauso antreiben lassen? Die Begrenztheit unserer Lebenszeit führt uns vor Augen, was wirklich wichtig ist.
Die Prioritäten werden neu zurechtgerückt.
Was wäre Ihnen wichtig, wenn Sie nur noch ein Jahr zu leben hätten? Welche Menschen würden Sie gern treffen? Was würden Sie leben oder verändern wollen? Nach welchen Werten und Zielen würden Sie sich ausrichten? Und warum wollen Sie nicht gleich damit beginnen?

- Beenden Sie dann wirklich die Arbeit oder machen Sie eine Pause. Gönnen Sie sich Erholung, das kommt auch Ihrer Arbeit zugute, denn Sie sind langfristig leistungsfähiger und haben mehr Freude am Tun.
- Erinnern Sie sich an regelmäßige Bildschirmpausen – das geht auch per Handy oder Wecker. Schauen Sie dann raus in die Weite oder schließen Sie die Augen für ein paar Momente.
- Fangen Sie gar nicht erst an, in Ihrer Freizeit dienstliche Mails zu empfangen oder ständig per Handy erreichbar zu sein. Wenn es bereits eine Gewohnheit geworden ist: Bauen Sie die wieder ab. Beginnen Sie sofort am nächsten Wochenende und bleiben Sie offline.
- Legen Sie fest, wie oft Sie im Büro pro Tag Ihre Mails checken. Stellen Sie alle Ton- und Lichtsignale aus, die den Eingang einer Mail oder SMS signalisieren. So bleiben Sie konzentrierter.
- Achten Sie auf Ihren täglichen Arbeitseinsatz und die Überstunden, die Sie leisten. Schreiben Sie die Arbeitszeiten auf, das schafft Bewusstheit.
- Wenn Sie spät Feierabend machen, steht Ihnen arbeitsrechtlich eine Erholungszeit von elf Stunden zu. Nehmen Sie sich diese Ruhephase.
- Versuchen Sie, für sich eine maximale Arbeitszeit festzulegen. Legen Sie auch Tage fest, an denen Sie so früh Feierabend machen, dass Sie noch Zeit haben, um ins Fitnessstudio oder zum Tanzen gehen zu können.
- Tragen Sie Zeiten für Erholung und Hobbys in Ihren Kalender ein.
- Stoppen Sie alle Multitasking-Versuche. Sie erschöpfen Ihre Aufmerksamkeit, bringen nichts und rauben nur viel Energie.
- Prüfen Sie Terminverdichtungen oder unrealistische Terminvorgaben. Wenn Sie schon bei der Vereinbarung das Gefühl haben, dass es nicht zu schaffen ist, sagen Sie besser Nein.

Wählen Sie aus diesen Möglichkeiten konkrete Schritte aus, die Sie umsetzen wollen, und treffen Sie eine verbindliche Vereinbarung mit sich selbst. Teilen Sie diese Vereinbarung am besten Ihrem Partner oder einer Freundin mit, die Sie dann ab und zu freundlich daran erinnern sollten. Sprechen Sie auch mit Ihrem inneren Antreiber und handeln Sie mit ihm eine für beide passende Vereinbarung aus.

IHR INNERES KIND BRAUCHT IHREN SCHUTZ UND IHRE LIEBE

Ähnlich wie beim inneren Kritiker ist es auch beim Antreiber wichtig, die Seite zu betrachten, die ständig unter Druck gesetzt wird. Und das ist auch hier wieder der kindliche, verletzliche und oft tief gekränkte Teil in uns. Auch wenn die übertriebenen Ansprüche des Antreibers dazu dienen sollen, uns vor Schäden zu bewahren – sie tun dem inneren Kind weh und schützen uns heute als Erwachsene kaum noch. Im Gegenteil: Sie können uns regelrecht krank machen.

Daher ist es wichtig, dass Sie sich ähnlich wie zum inneren Kritiker beschrieben mit Ihrem inneren Kind befassen, es trösten, immer besser kennenlernen und ihm seine Bedürfnisse erfüllen. Den Antreiber bitten Sie, derweil zur Seite zu gehen. Vermitteln Sie dem Kind Ihre Liebe, Akzeptanz und Zuwendung. Sie können mit ihm auch wieder Reisen an Ihren Ort der Geborgenheit unternehmen, siehe Seite 105.

Ernsthafte Versprechen

Nehmen Sie die Bedürfnisse Ihres verletzlichen, getriebenen Kindes ernst. Besprechen Sie am besten mit ihm und dem inneren Antreiber gemeinsam, was sich künftig ändern soll. Ab diesem Zeitpunkt sollten Sie sich unbedingt auch daran halten. Wenn Sie wieder dazu übergehen, regelmäßig sechzig oder siebzig Wochenstunden zu arbeiten, sich selbst zu überfordern und nicht auf Ihre Grenzen zu achten, wird Ihr inneres Kind Ihnen als dem Erwachsenen nicht vertrauen können. Es wird sich weiterhin gestresst fühlen und sich irgendwann nicht mehr anders zu helfen wissen, als sein Leid über psychosomatische Symptome zu zeigen. Versprechen Sie nur Dinge, die Sie auch halten können und die für alle Instanzen in Ihnen lebbar sind.

UMGANG MIT DEM KATASTROPHISIERER

Der Katastrophisierer macht sich durch starke Bewertungen bemerkbar. »Das ist ja furchtbar, katastrophal, entsetzlich! Ich werde es nicht aushalten. Und sicher wird alles noch viel schlimmer.« In der Regel handelt es sich bei den Ereignissen, die wir auf diese Weise bewerten, um eher alltägliche und banale Missgeschicke, Versäumnisse und Fehlleistungen. Wir haben dann meistens das Gefühl, dass wir unsere gewohnte Kontrolle nicht mehr haben. Wir befürchten weitreichende, schlimme Konsequenzen, die wir uns sorgenvoll in allen denkbaren Grautönen ausmalen. Unser Katastrophisierer spinnt aus einem kleinen Ereignis eine lange Geschichte, an deren Ende der fantasierte Albtraum steht – die Kündigung, die Trennung, das Leben auf der Straße.

OHRWURM-ALARM?

Stellen Sie sich vor, Sie kommen aus einem Kaufhaus und zufällig wurde dort eines Ihrer Lieblingslieder gespielt. Sie summen die Melodie auf dem Weg nach Hause vor sich hin. Wie ein Ohrwurm begleitet Sie der Titel noch eine Weile. Würden Sie irgendetwas unternehmen? Würden Sie sich Sorgen machen? Vermutlich nicht. Sie würden wahrscheinlich ganz normal Ihre Dinge erledigen und irgendwann wäre der Ohrwurm wieder aus Ihrem Kopf verschwunden.

Stellen Sie sich nun vor, dass Sie am Tag zuvor von Ihrem Hals-Nasen-Ohren-Arzt gehört hätten, dass neueste wissenschaftliche Untersuchungen ergeben hätten, dass Ohrwürmer sehr gefährlich seien und im schlimmsten Falle dazu beitragen können, dass die Ohren abfallen. Wie würden Sie nun mit dem Ohrwurm umgehen? Wären Sie weiterhin so gelassen? Wahrscheinlich nicht. Sie wären besorgt. Sie würden alles versuchen, um den Ohrwurm loszuwerden. Vielleicht würden Sie sich dauernd an die Ohren fassen – sitzen sie noch fest? – und nach Medikamenten gegen Ohrwürmer suchen … Anhand dieses kleinen, zugegebenermaßen etwas absurden Beispiels will ich deutlich machen, wie stark Bewertungen uns beeinflussen. Daraus folgt: Je weniger wir bewerten, umso gelassener reagieren wir. Der Katastrophisierer aber ist ein Meister der Überbewertungen.

REFLEXION

Bemerken Sie Ihre Bewertungen

Fällt Ihnen etwas ein, das Sie zurzeit sehr stark bewerten, vielleicht Ihr Verhalten, Ihr Aussehen, Ihre private Situation oder etwas Berufliches? Gibt es da einen Bereich, wo Sie zu sich sagen: »Das ist schlimm, furchtbar, katastrophal. Das halte ich nicht aus. Das wird schlimm enden«?

- *Wenn Ihnen eine Situation bewusst geworden ist, fragen Sie sich doch einmal: Wie bewerte ich die Sache oder mein Verhalten als erwachsene Person? Ist das anders als die Sichtweise des Katastrophisierers?*
- *Stellen Sie sich vor, Sie fragten eine gute Freundin, wie würde sie die Situation bewerten? Was würde die Freundin zu Ihnen sagen? Würde Sie zu derselben Bewertung kommen und die Situation oder Ihr Verhalten als schlimm oder gar katastrophal ansehen?*
- *Sprechen Sie bei Bedarf tatsächlich mit einem vertrauten Menschen darüber, der möglichst gelassen ist. Zu welcher Bewertung kommt er? Lassen Sie sich auf mögliche andere Sichtweisen und Bewertungen ein. Könnten diese Blickwinkel richtig sein?*

RAUS AUS DER BEWERTUNGSFALLE

Auf dem abendlichen Nachhauseweg stellen Sie plötzlich fest, dass Sie eine Aufgabe, die Ihr Chef an Sie delegiert hat, nicht erledigt haben. »Oh, wie peinlich, das habe ich vergessen! Der denkt bestimmt, dass ich nicht motiviert bin. Die volle Katastrophe! Das hat garantiert schlimme Konsequenzen!« Die Katastrophengedanken lassen den Stresspegel nach oben rasen. Der Katastrophisierer hat das Steuer übernommen. Die Gedanken, Bewertungen und Konsequenzen, die Sie im Kopf haben, erscheinen Ihnen real und wahr.

Plötzlich halten Sie inne und erinnern sich daran, dass Sie sich oft solche Katastrophenfilme ausmalen, dass es nur Ihre momentanen Gedanken sind und noch lange nicht die Realität. Das wirkt wie eine Befreiung. Sie bemerken auch sofort, dass Ihr Chef gar nicht gesagt hat, bis wann die Aufgabe erledigt sein sollte. Es ist also alles halb so schlimm. Ihnen ist es gelungen, innerlich Abstand zu nehmen. Dies ist, als wenn Sie einen sehr spannenden Thriller ansehen und kurz auf die Stopptaste der Fernbedienung drücken, weil Sie sich etwas zu trinken holen wollen. Sie spüren noch die innere Spannung, bemerken aber, dass es ja nur ein Film ist und nicht die Realität.

Genauso ist es mit Ihren Gedanken. Sie haben keine absolute Realität, sondern sind nur etwas, was in Ihrem Kopf geschieht. Jemand anders würde eine Situation sicherlich ganz anders wahrnehmen.

Ihre Gedanken sind nur
eine mögliche Interpretation
der Realität.

KATASTROPHENFILME IM KOPF? STEIGEN SIE AUS!

Gedanken sind vor allem Ereignisse im Kopf, die kommen und gehen, die sich ständig verändern. Je mehr innere Distanz Sie zu Ihren Gedanken habe, desto weniger lassen Sie sich von ihnen beeindrucken. Und umso weniger Macht hat Ihr Katastrophisierer. Deshalb lohnt es sich, immer wieder innerlich Distanz zu den eigenen Gedanken zu gewinnen. Das geht besonders gut mit Achtsamkeitsübungen und Meditationen, wie Sie sie im Kapitel »Der Erwachsene in uns« kennengelernt haben. Sie lernen damit, Ihre Gedanken wahrzunehmen wie Wolken, die vorbeiziehen, oder sie zu beobachten wie Autos, die unter einer Brücke durchfahren. Sie gewinnen Abstand und können das auch anwenden, wenn Ihr Katastrophisierer mal wieder übertreibt.

Solche Übungen dienen nicht dazu, Gedanken zu unterdrücken. Unser Gehirn produziert sehr viele Gedanken, es stimuliert sich damit selbst, wie die Hirnforschung weiß. Dies ist ein Ausdruck von Leben. Es geht darum, dass wir lernen, uns innerlich davon zu distanzieren und uns von unseren Interpretationen und Katastrophenbewertungen immer wieder zu lösen. Wir bleiben dadurch flexibel und offen für neue Informationen und sind deutlich weniger gestresst.

DER GEKONNTE UMGANG MIT DEN GEDANKEN

Die folgenden Techniken haben sich als hilfreich erwiesen:

- → Nie vergessen: Gedanken sind keine Fakten, sondern einfach nur Ereignisse im Gehirn.
- → Lernen Sie, Ihr Denken zu beobachten und zu bemerken: »Aha, ich denke gerade.«
- → Schreiben Sie Ihre Gedanken auf, dann können Sie Abstand gewinnen und sich mit den gedachten Inhalten besser auseinandersetzen.
- → Fragen Sie sich immer wieder: Was sind die Tatsachen in dieser Situation? Und was sind meine Bewertungen, Meinungen und Interpretationen? Wie würde eine vertraute Freundin diese Situation bewerten?

Eine verwandte Übung greift gut, wenn Sie sich bei unangenehmen Gedankenketten ertappen. Sie hängen dann an diese Ketten neutrale Sätze wie: »Der Himmel ist blau.« Wenn Ihnen zum hundertsten Mal der Gedanke an den Konflikt mit einer Kollegin kommt, dann machen Sie daraus: »Wie konnte das nur passieren … das Gras ist grün.« Durch diese neutralen Sätze kann es gelingen, aus dem Gedankenkarussell auszusteigen. Die starken Bewertungen werden entkräftet.

SORGENGEDANKEN ALS PHÄNOMEN BETRACHTEN

Natürlich sind Gedanken auch wichtig im Leben. Es soll nicht darum gehen, dass Sie sämtliche Gedanken nur noch entkräften oder vorbeiziehen lassen. Wenn Sie auf eine Prüfung lernen müssen oder eine

FREUNDSCHAFTSDIENST

Gedanken beobachten

Im Alltag lassen sich Gedanken auf diese einfache Weise entkräften:

- Wenn Sie einen Gedanken bemerken, nehmen Sie innerlich Abstand und sagen: »Ich habe gerade den Gedanken …« Probieren Sie es mit ganz alltäglichen Gedanken: »Ich habe gerade den Gedanken, dass ich das Auto zur Werkstatt bringen muss.« »Ich habe den Gedanken, dass dies eine komische Übung ist.«
- Üben Sie das für drei bis fünf Minuten. Dabei erkennen Sie, wie Sie den Fluss der Gedanken unterbrechen können. Wenden Sie diese Übung dann auch bei belastenden Gedankenketten an. Vielleicht denken Sie: »Das schaffe ich nie!« Und dann: »Ich habe gerade den Gedanken, das schaffe ich nie.«

Bewerbung abschicken sollten und Ihr Gehirn erinnert Sie an diese Aufgaben, dann ist es das Beste, die Dinge zu erledigen. Die hier vorgestellten Übungen sind vor allem dann hilfreich, wenn Sie sich sorgen und Katastrophenszenarien durchdenken, die möglich sein könnten, aber nicht real sind. Treffen Ihre Gedanken nicht zu, ist es wichtig, innerlich auszusteigen und sich nicht davon stressen zu lassen. Es ist einfach nicht sinnvoll, sich andauernd mit Ereignissen auseinanderzusetzen, die gar nicht passiert sind und vielleicht nie passieren werden. Für den Körper ist das unnötiger Stress.

PERSÖNLICHE ERFAHRUNGEN

Katastrophengeschichten zählen

Petra machte sich große Sorgen um ihren Sohn Marco. Sobald er ein paar Minuten später von der Schule kam als üblich, war sie sofort aufgelöst. Auch wenn er draußen war, hatte sie Angst, dass ihm auf dem Spielplatz etwas zustoßen könnte. Im realen Leben war ihrem Sohn noch nie etwas Schlimmes passiert und sie wusste auch, dass ihre Ängste übertrieben waren. In der Beratung wurde ihr deutlich, dass es ums Loslassen geht und darum, ihrem Sohn mehr zu vertrauen. Trotz dieser Einsicht kamen die Katastrophengedanken immer wieder.
Da half ihr ein Trick: Sie begann, die Sorgengeschichten zu zählen.
So sagte sie sich vielleicht am Nachmittag: »Ah, jetzt sorge ich mich für heute das fünfte Mal um Marco.« Und etwas später: »Oh, und jetzt ist es das sechste Mal.« »Und schon wieder! Sorgengedanken Nummer sieben.« Durch das neutrale Zählen gelang es ihr, aus der inhaltlichen Beschäftigung mit den Sorgen herauszutreten. Sie machte diese Übung einige Tage lang. Anfangs kam sie auf 25 Male, mit der Zeit waren es weniger als zehn. Petra lernte zu entspannen.

ABWARTEN UND GESCHEHEN LASSEN

Unser Katastrophisierer redet uns ein, dass wir besser vorbereitet sind, wenn wir uns das Schlimmste ausmalen. Er glaubt, dass sich die Dinge niemals von selbst positiv entwickeln können. Versuchen Sie, sich immer wieder bewusst zu machen, dass die wichtigsten Dinge im Leben ohne Ihr Zutun geschehen. Ob eine Schnittwunde heilt, ein Schnupfen vergeht oder Sie nach einer schwierigen Phase plötzlich eines Morgens wieder Lebenslust verspüren – so viele Dinge geschehen zu Ihrem Besten. Sie brauchen oft nur zu warten, bis der Körper seine Selbstheilungskräfte nutzt.

Viele Entwicklungen im Leben sind ähnlich. Ein Beispiel: Mein Sohn hat nicht gern gemalt, im Kindergarten hat er nur mit Lego gebaut. Vor seiner Einschulung begann ich mir Sorgen zu machen, ob er denn schulreif sei, wenn er gar nicht Malen und Schreiben übt. Im Urlaub passierte dann etwas Seltsames: Er stand jeden Morgen früh auf, setzte sich an den Tisch und malte ein Bild nach dem anderen. Am Ende bestaunten wir eine große Bildergalerie. Was war hier in kurzer Zeit geschehen! Es lohnt sich bei vielen Prozessen, mit einer positiven Unterstellung heranzugehen. Mit Sätzen wie: »Mein Kind wird seinen Weg finden.« Oder: »Ich werde eine berufliche Chance bekommen.«

Unterstellen Sie dem Leben, dass es sich positiv entwickelt.

UMGANG MIT DEM HARMONIESÜCHTIGEN

Der harmoniesüchtige Anteil in uns hat eine tiefe Sehnsucht nach Anerkennung und große Angst vor Ablehnung. Er strebt nach Frieden und Ausgeglichenheit in allen Beziehungen und kann deshalb nur schwer Nein sagen. Harmoniesüchtige sind freundliche Menschen, die unter einem inneren Zwang zur Zustimmung stehen. Sie sind einfach nett. Dabei gehen sie Konflikten und Konfrontation wann immer möglich aus dem Weg. Sie fühlen sich schnell verantwortlich für die Stimmung und das Wohlergehen der anderen. Sie tun auch gern zu viel des Guten, überfordern sich selbst und andere. Sie lassen sich ausnutzen, übernehmen Verantwortung für alles und jeden und bleiben meist zu lange in Jobs oder Beziehungen, die für sie schädlich sind. Sie sind beliebt, erhalten aber doch nicht die ersehnte Anerkennung. Wenn Sie sich in dieser Beschreibung ein wenig wiedererkennen – und Ihnen auch der Test ab Seite 20 gesagt hat, dass ein Harmoniesüchtiger in Ihnen wirkt –, dann sollten Sie seinen Einfluss zügeln und es wagen, Ihre wahren Wünsche und Bedürfnisse zu leben.

ZUERST: VERSTÄNDNIS DAFÜR ENTWICKELN

Lassen Sie diesem Anteil in Ihnen einfach freien Lauf, kann es schnell passieren, dass Sie Aufgaben übernehmen, die nicht auf Ihren Schreibtisch gehören, und dass Sie sich für Dinge verantwortlich fühlen, die gar nicht in Ihrer Verantwortung stehen. Wenn Sie diesen Anteil in sich entdeckt haben, nutzen Sie am besten auch hier eine Figur, die Sie bei sich tragen. Das hilft Ihnen, innerlich Abstand zu nehmen. Es gibt Ihnen mehr Freiheit, auch mal ganz »unharmonisch« zu handeln.

AUCH DIESER ANTEIL HAT SEINE GRÜNDE

Gehen Sie auch mit Ihrer harmoniesüchtigen Seite freundlich und verständnisvoll um. Machen Sie sich bewusst, wann dieser Anteil in Ihnen entstanden ist. Wann mussten Sie lernen, Verantwortung für andere zu übernehmen, oder sie gar glücklich machen? Wann mussten Sie Ihre Bedürfnisse zurückstellen und sich an die Launen anderer anpassen? Viele Menschen müssen früh die Konflikte der Eltern ausbalancieren oder es gab ein krankes Familienmitglied, für das sie sich schon als Kind verantwortlich fühlten. Oft spielte die Angst mit hinein, dass die Eltern sich trennen könnten, wenn sie nicht für Harmonie sorgen. Sehr viele wurden früh in eine verantwortliche Erwachsenenrolle gedrängt. So konnten sie nicht Kind sein.

REFLEXION

Wie zeigt sich die Harmoniesucht?

Sobald eine innere Stimme sagt: »Du bist dafür verantwortlich, dass es den anderen gut geht« oder »Du musst dich darum kümmern, sei nicht so egoistisch«, »Fall anderen nicht zur Last« oder »Hättest du deine Kritik nicht noch etwas netter anbringen können?«, dann haben Sie einen Harmoniesüchtigen ertappt. Fallen Ihnen weitere Sätze ein, an denen Sie diesen Anteil erkennen können? Achten Sie auch auf die Gefühle, die mit diesen Sätzen verbunden sind: häufig Scham- oder Schuldgefühle oder auch ein übersteigertes Verantwortungsgefühl. Nehmen Sie wahr, inwieweit sie mit Körperempfindungen und mit einer bestimmten Körperhaltung verbunden sind – unterwürfig vielleicht, gebeugt.

Als Erwachsene können wir uns zugestehen, dass wir nicht Mutter Teresa spielen müssen.

Die Harmoniesucht ist von einem kindlichen Denken geprägt. Kinder wollen die schlechte Ehe der Eltern retten und fühlen sich verantwortlich, wenn diese sich trennen. Solche Fantasien aber haben eine immer gleiche Folge: Sie führen zur Selbstüberforderung.
Wir sind erwachsen und nicht dafür zuständig, andere Menschen glücklich zu machen. Wir können diese kindlichen Ideen ablegen.
Der Mensch, um den Sie sich vielleicht damals gekümmert haben, ist alt geworden oder lebt schon nicht mehr. Jetzt ist es an der Zeit, dass Ihr harmoniesüchtiger Anteil in der Gegenwart ankommt. Sie müssen die Last Ihrer Ursprungsfamilie nicht mehr tragen, Sie müssen Ihre Eltern nicht »erlösen«, die sind für ihr Leben selbst verantwortlich.

FREUNDSCHAFTSDIENST

Zu viel Verantwortungsgefühl?

Wenn Ihr Harmoniesüchtiger Ihnen einflüstert, dass Sie verantwortlich oder schuldig sind, dann gilt eines: innehalten und nicht sofort handeln oder etwas zusagen, was Sie später bereuen. Geben Sie sich Zeit für eine Denkpause und nutzen Sie eine der folgenden Möglichkeiten für einen Perspektivwechsel und eine Realitätsüberprüfung. Danach sind Sie wieder klarer und unbeeinflusst von den Einflüsterungen des Harmoniesüchtigen.

- Stellen Sie sich vor, eine gute Freundin schildert Ihnen Ihren Fall und sagt, dass sie sich total verantwortlich und schuldig fühlt, weil beispielsweise ihre Tochter schon wieder eine schlechte Note in Mathe bekommen hat. Was würden Sie ihr sagen? Würden Sie sie verurteilen: »Ja, du bist schuldig. Du musst dich mehr anstrengen, damit deine Tochter eine bessere Note schreibt«? Vermutlich nicht. Sie würden eher darauf hinweisen, dass die Tochter selbst lernen muss, die Verantwortung zu übernehmen, und schlechte Noten schon mal vorkommen.
- Rufen Sie jemanden an. Sprechen Sie mit einer vertrauten Person über die Situation, die Sie belastet. Anhand der Rückmeldung von außen können Sie die Realität überprüfen und besser einschätzen, wie Verantwortung und Schuld hier verteilt sind.
- Wie schätzt Ihre erwachsene Seite die Situation ein? Denken Sie daran: Sie haben dieselben Rechte wie andere Menschen auch, Nein zu sagen und Ihre Bedürfnisse und Wünsche zu äußern.
- Fragen Sie sich selbst: »Wie würde mein Leben aussehen, wenn ich mich von der Überverantwortung verabschiede? Was würde ich nicht mehr tun? Wie würde mein Leben aussehen, wenn ich erwachsen und angemessen mit Verantwortung umgehen würde? Wie würde sich das auf meine Partnerschaft auswirken, auf meinen Beruf und meine Freizeit, auf mein Lebensgefühl insgesamt? Welche Aufgaben würde ich zurückgeben?«
- Führen Sie auch mit Ihrem Harmoniesüchtigen innere Dialoge – wertschätzend und freundlich. So kann Verständnis entstehen.
- Nutzen Sie dabei wieder die Sowohl-als-auch-Technik. Das kann so klingen: »Ja, es ist richtig, auf die Bedürfnisse anderer zu achten und Verantwortung zu übernehmen. Gleichzeitig ist es wichtig, dass ich auf meine eigenen Bedürfnisse achte und auch diesen nachgehe.« Oder: »Es ist wichtig für mich, Verantwortung für mein Handeln zu übernehmen und gleichzeitig zu erkennen, wo die Grenzen sind und wo andere Menschen für ihr Handeln selbst verantwortlich sind.«

PERSÖNLICHE ERFAHRUNGEN

Innere Klarheit strahlt man aus

Jeden Morgen wartete Michael an einer Bushaltestelle mit anderen Pendlern auf den Bus in die Stadt. Regelmäßig kam ein Mann, der auf der Straße lebte, vorbei, ging zielstrebig auf Michael zu und bat ihn um Kleingeld. Michael zückte regelmäßig seinen Geldbeutel und gab ihm ein paar Cent. Er ärgerte sich über sich selbst, weil er nicht Nein sagen konnte, und wunderte sich darüber, warum der obdachlose Mann immer nur zu ihm kam. Im Coaching thematisierte er diese Erfahrung und nahm sich fest vor, dass er das nächste Mal wirklich Nein sagen würde. Und tatsächlich kam der Mann am nächsten Morgen wieder auf die Wartenden zu. Michael wusste genau, was er heute sagen würde – doch zum ersten Mal ging der Mann an ihm vorbei und fragte einen anderen. Michael war erstaunt. Er hatte offensichtlich eine ganz andere innere Klarheit entwickelt, die er auch nonverbal ausstrahlte.

LERNEN SIE, KLAR NEIN ZU SAGEN

Hier eine Situation, wie sie sich sicherlich in vielen Familien allabendlich abspielt. Der fünfjährige Max fragt nach dem Ende der ersten Gute-Nacht-Geschichte: »Mama, die war so kurz, liest du noch eine Geschichte vor?« Wenn Sie mit einer zögerlichen, unsicheren Antwort kommen: »Nein, heute eher nicht«, wie reagiert dann wohl Max auf Ihre Antwort? Er wird dranbleiben: »Bitte, bitte! Ich mach danach auch ganz schnell die Augen zu.« Er hat gespürt, dass Sie unsicher und halbherzig Nein gesagt haben. Er hat das »eher« gehört und Ihr Zögern bemerkt. Das zeigt ihm, dass er eine Chance hat, noch eine Geschichte mehr zu hören und noch ein wenig länger Ihre Nähe zu genießen.
Er wird also weiterfragen und das so lange versuchen, bis er eine klare

Antwort von Ihnen bekommen oder sein Bedürfnis durchgesetzt hat. Genauso verhalten sich Ihre erwachsenen Mitmenschen, Kollegen und Vorgesetzten auch. Sie haben ein gutes Gespür, ob da noch etwas geht. Sagen Sie deshalb klar und deutlich Nein, wenn das Ihre ehrliche Antwort ist. Einfach nur »Nein«. Nichts ist deutlicher.
Wenn Ihnen das schwerfällt, sollten Sie es vor dem Spiegel üben: zehnmal ein deutliches Nein. Richten Sie sich dabei innerlich auf, schauen Sie Ihrem Spiegelbild in die Augen und sagen Sie durch Ihre ganze Körpersprache Nein. Jede Pore drückt Ihr Nein aus.

DIE SCHALLPLATTE MIT DEM SPRUNG

Angenommen, der kleine Max bleibt dran, er lässt nicht locker und will weiterhin, dass Sie eine zusätzliche Geschichte vorlesen. In so einem Fall haben viele gute Erfahrungen damit gemacht, den gleichen Satz immer und immer wieder zu sagen, klar und deutlich: »Nein, heute nicht, es ist schon sehr spät.« Bei jedem erneuten Versuch von Max derselbe Satz, so wie eine Schallplatte, die einen Sprung hat und immer denselben Text wiederholt. »Nein, heute nicht, es ist schon sehr spät.« Dadurch wird dem Gegenüber mit der Zeit klar, dass Sie nicht von Ihrer Position abrücken.

SICH BEDENKZEIT GEBEN

Ein Kollege erzählte, dass er vor allem bei telefonischen Anfragen nicht Nein sagen könne, dadurch habe er schon viele Zusagen gemacht, die er im Nachhinein bereute. Er habe nun mit seiner Kollegin, mit der er das Büro teilt, eine Absprache getroffen: Er sagt dem Anrufer, dass er erst in seinem Terminkalender schauen müsse und zurückrufen werde. Dann bespricht er sich kurz mit der Kollegin und sei dadurch viel besser in der Lage, eine stimmige Entscheidung zu treffen und auch mal einen Arbeitsauftrag abzulehnen. Lassen Sie sich lieber Zeit bei Entscheidungen und auch bei der Beantwortung von Mails. Gewinnen Sie zuerst Klarheit, was Sie eigentlich wollen.

Vorsicht vor dem Honig!

Lassen Sie sich keinen »Honig ums Maul schmieren«. Wer jemanden für eine Arbeit gewinnen möchte, sagt gern: »Es gibt niemanden, der diesen Job besser ausführen könnte als Sie.« Oder: »Sie haben sich ja schon in das Thema eingearbeitet, könnten Sie nicht auch noch …« Lassen Sie sich nicht durch zweckgerichtete Freundlichkeit und Lob vereinnahmen oder manipulieren.
Lob in Verbindung mit neuen Aufgaben sollte Sie hellhörig machen. Danken Sie für die lobenden Worte, bleiben Sie klar bei Ihrer Position und lehnen Sie die Anfrage freundlich ab, wenn Sie sie nicht übernehmen wollen.

Lassen Sie sich auch kein schlechtes Gewissen einreden. Durch ein Nein gegenüber Anforderungen, die Sie nicht wollen, sagen Sie Ja zur Ihren eigenen Bedürfnissen, Ja zu mehr Selbstbestimmung und Ja zu den eigenen Grenzen. Belohnen Sie sich, klopfen Sie sich auf die Schulter für jedes stimmige Nein, das Sie wagen. Auch ein Nein im Interesse des anderen lässt sich formulieren. »Es wäre nicht gut, das neue Projekt auch noch zu übernehmen, weil ich in den nächsten Monaten bereits sehr viel auf dem Tisch habe. Ich könnte nur schlecht den Verpflichtungen nachkommen, das wäre ja für das Projekt schlecht.«
Ein solches Nein ist Ausdruck der Verantwortlichkeit.

WAS IST MIT IHRER WUT PASSIERT?

Bei einem Wachhund lässt sich gut beobachten, was passiert, wenn er seine Grenzen verteidigen muss. Nähert sich jemand dem Grundstück, fängt er an, die Zähne zu fletschen und zu knurren. Wenn der Fremde noch näher kommt, bellt der Hund und wird dabei immer lauter und energischer. Wütend verteidigt er seine Grenzen.
Das Gefühl von Wut tritt normalerweise dann auf, wenn unsere Grenzen bedroht oder verletzt werden. Wut ist deshalb ein sehr wichtiges Gefühl. Unsere harmoniesüchtige Seite aber erlaubt uns oft nicht, Wut und Ärger zuzulassen. Wie ist das bei Ihnen? Können Sie

sich erlauben, wütend zu sein? Das heißt ja nicht, dass Sie die Wut unkontrolliert rauslassen und Porzellan zerschlagen müssen. Es ist nicht gesund, Wut zu unterdrücken, aber es ist auch nicht gesund zu explodieren. Vielmehr ist es wichtig, sich mit der eigenen Wut anzufreunden und einen guten Umgang damit zu finden. Wut und Ärger haben natürlich auch eine Funktion, die sich positiv nutzen lässt: Sie geben uns oft erst die Energie, die wir brauchen, um Nein zu sagen. Wir sind eher in der Lage, unsere Grenzen zu schützen, wenn die Wut in uns spürbar wird. Erlauben Sie sich also, Ihre Wut zu erleben. Nehmen Sie sie wahr, wenn sie da ist, spüren Sie sie und sagen Sie Ja zu ihr.

JA ODER NEIN: HABEN SIE DIE WAHL?

Es kann eine echte Freude sein, jemandem einen Gefallen zu tun, ein Ehrenamt zu übernehmen oder der Teilnahme an einem neuen herausfordernden Projekt zuzustimmen. Es kann stimmig sein und genau unserem Bedürfnis entsprechen. Das kann ein echtes Gefühl der Verbundenheit und tiefe Zufriedenheit entstehen lassen. Um dieses Gefühl zu entwickeln, ist innere Freiheit notwendig.

Wenn Sie es allerdings gewohnt sind, Ihre Bedürfnisse hinten anzustellen, und immer zuerst das tun, was andere von Ihnen fordern, steht vor der Freude des Ja-Sagens das Nein. Viele harmoniesüchtige Menschen haben die innere Freiheit verloren. Es geht nicht darum, vom einen Extrem ins andere zu verfallen, vom Ja-Sager zum Nein-Sager zu werden. Aber es geht darum, diese innere Wahlfreiheit zu gewinnen, beides angstfrei tun zu können.

Wenn Sie Nein sagen können, haben Sie die Möglichkeit, auch Ja zu sagen. Sie sind frei. Sie können auf eine Anfrage oder eine Bitte Ja oder Nein antworten, ganz wie es zu Ihren momentanen Bedürfnissen passt. Indem Sie das Nein-Sagen lernen, gewinnen Sie Ihre Freiheit wieder. Und jedes Ja wird dann von echter Freude geprägt sein und aus einem ehrlichen Herzen kommen.

UMGANG MIT DEM VERMEIDER

Natürlich ist es sinnvoll, reale Gefahren zu meiden, sich vor gewalttätigen Menschen zu schützen oder manche dunklen Viertel in Großstädten zumindest nachts zu umgehen. Doch unser innerer Vermeider will mehr. Er will uns vor kurzfristigen unangenehmen Gefühlen und Gedanken schützen, vor zu viel Anstrengung, Unsicherheit und jeder Art von Unglück. Dies kann dazu führen, dass wir Situationen meiden, in denen keine wirkliche Gefahr besteht, die uns aber eigentlich wichtig sind – reden vor Menschen, Flugreisen, Partys, Briefe öffnen, allein sein. Der Vermeider bemerkt dabei nicht, dass er langfristig unser Unglück bewirkt. Je mehr alltägliche Situationen wir vermeiden, um unangenehmen Gefühlen aus dem Weg zu gehen, umso mehr schlechte Gefühle und Gedanken erleben wir nämlich langfristig.

DEN INNEREN AUSBREMSER ENTDECKEN

Auch hier geht es darum – Sie kennen das ja mittlerweile –, diesen inneren Anteil zu entdecken und sich dann freundlich mit ihm auseinanderzusetzen. Sobald Sie beginnen, genauer nach dem Vermeider zu fahnden, werden Sie wahrscheinlich überrascht sein, wo er sich überall bemerkbar macht und Sie davon abhält, ein sinnerfülltes Leben zu leben. Auch Ihr inneres Vermeidungssystem können Sie sich leichter bewusst machen, wenn Sie wieder eine Figur wählen, die den Vermeider symbolisch darstellt. Erinnern Sie sich daran: Er ist nur ein Teil von Ihnen, der Sie eben nicht kritisiert oder antreibt, sondern eher bremst und von alldem abhält, was aus seiner Sicht gefährlich oder zumindest unangenehm werden könnte.

REFLEXION

Wie wird Ihr Vermeider aktiv?

Wovor hat Ihr Vermeider am meisten Angst? In welchen Lebensbereichen taucht er also am intensivsten auf? Woran können Sie ihn erkennen, mit welchen Körperempfindungen, Gefühlen oder Gedanken ist er verbunden? Seine Methoden könnten die folgenden sein:

- ***Rückzug oder Flucht:*** *Dabei vermeiden Sie Menschen, Orte, Situationen oder Aktivitäten, bei denen unangenehme Gefühle oder Gedanken auftreten könnten – Bewerbungsgespräche, Tanzkurse, Flugreisen oder Ähnliches. Sie tun Dinge nicht, die Ihnen eigentlich wichtig sind.*
- ***Betäubung:*** *Unangenehme Gefühle versuchen Sie, damit »wegzumachen«, dass Sie sich durch Medikamente, Alkohol oder exzessives Computerspielen betäuben.*
- ***Unterdrückung:*** *Sie versuchen, ungewollte Gefühle zu verdrängen oder mit Gewalt zu unterdrücken – »Indianer kennen keinen Schmerz«.*
- ***Innerliches Kämpfen:*** *Sie kämpfen aktiv und verbal gegen Gedanken und Gefühle, die gerade da sind – mit dem Ziel, sie loszuwerden. Dabei führen Sie Selbstgespräche und hadern mit sich und der Welt. »Das stimmt nicht. Das kann nicht wahr sein!«, »Stell dich doch nicht so an!« oder »Reiß dich zusammen, du Feigling!«*
- ***Sicherheitsstrategien:*** *Sie gehen keinerlei Risiko ein. Alles muss genau vorbereitet, geprüft und abgesichert werden. Nichts darf schiefgehen, deshalb sind Sie auf alles Denkbare vorbereitet.*
- ***Unterforderung:*** *Dies ist oft die Folge eines aktiven Vermeiders. Wie sieht es aus: Fühlen Sie sich zurzeit eher optimal belastet, überfordert oder unterfordert? Stimmt Letzteres und Sie langweilen sich sogar, kann es sein, dass Ihr Vermeider Sie von wichtigen Zielen abhält.*

EINFLÜSTERUNGEN

Ihr innerer Vermeider meldet sich auch durch Sätze, die er Ihnen einredet: »Das ist mir zu viel, das schaffe ich nicht.« »Ich werde bestimmt abgelehnt werden.« Und er stellt sich durch Gefühle der Energielosigkeit, Resignation, der inneren Ablehnung oder des Kampfes dar. Bei einigen Klienten wurde der Vermeider bemerkt, weil sie feststellten, dass sie zu viel Alkohol tranken, sehr viel Zeit mit ihrem Smartphone oder mit Internetspielen verbrachten oder immer mehr aßen, um ein unangenehmes Gefühl loszuwerden. All das können Alarmzeichen sein.

Wenn Sie sich bei Vermeidungsstrategien ertappen, seien Sie froh! Sie kommen sich auf die Spur und haben hier alle Werkzeuge, um auch den inneren Vermeider freundlich in seine Schranken zu weisen. Es hatte einen wichtigen Nutzen, dass Sie in der Vergangenheit gelernt haben, bestimmte Dinge zu vermeiden. Jetzt aber könnte es an der Zeit sein, sich bessere Methoden anzueignen.

Der Preis der Vermeidung

Vermeidung hat einen hohen Preis. Niemandem gelingt es, durch Vermeidung negative Gefühle und Gedanken loszuwerden. Meist nehmen Unsicherheiten, Ängste und Ähnliches dabei sogar zu. Und was haben wir derweil nicht alles unterlassen und aufgegeben! Vermeidung hindert uns oft daran, ein aktives, sinnerfülltes und energievolles Leben zu führen. Prüfen Sie das einmal bei sich: Welche Ziele und Aktivitäten haben Sie sein gelassen, welche Freundschaften haben Sie verloren? Vermeidung kann Sie auch Geld, Energie und Ihre Gesundheit kosten. Was ist Ihr Preis, den Sie für die Vermeidung bezahlt haben? Welche langfristigen Konsequenzen haben bestimmte Vermeidungshaltungen Ihnen bereits eingebracht?

DAS LEBEN GENIESSEN, STATT ES ZU VERMEIDEN

Wenn Ihr innerer Vermeider Sie nicht von einem aktiven, sinnerfüllten Leben abhält und Sie das Gefühl haben, dass er Sie immer an der richtigen Stelle vor Gefahren warnt und Sie unterstützt, dann sollten Sie ihm dafür danken. Eine weitere Auseinandersetzung mit ihm ist dann nicht notwendig. Wenn Sie aber feststellen, dass er Sie ausbremst und Sie in einigen Bereichen in Vermeidungsschleifen leben, dann sollten Sie sich intensiv mit den folgenden Abschnitten befassen und die eine oder andere der Anregungen umsetzen.

ERLEBNISBEREITSCHAFT ENTWICKELN

Erlebnisbereitschaft – das ist, wie wenn Sie innerlich eine Türklinke in die Hand nehmen und Ihre Tür für das Unbehagen, den Ärger, die Angst, die Verspannung, den Schmerz, für alles, was in diesem Moment gerade da ist, öffnen. Erlebnisbereitschaft ist mit der Haltung verbunden: »Ich folge meinen Zielen und bin dabei bereit, das Gefühl zu erleben, das jetzt eben dazugehört. Egal, ob es angenehm oder unangenehm ist: Ich lasse es zu und bin dafür offen. Ich werde es nicht regulieren oder bekämpfen. Ich bin bereit, es zu erleben und die Dinge sich weiterentwickeln zu lassen.«

»Nicht müde werden, sondern dem Wunder leise wie einem Vogel die Hand hinhalten.«

HILDE DOMIN

Durch Erlebnisbereitschaft kommen wir in Verbindung mit unserem Erleben. Sie fällt uns bei Aufgaben leichter, die mit schönen Gefühlen verbunden sind, Freude, Glück, Entspanntheit. Beginnen wir also am besten, die Erlebnisbereitschaft bei einer Aufgabe zu üben, die uns Freude bereitet und die wir schätzen – schwimmen, mit dem Hund spazieren oder im Garten arbeiten. Dabei können wir uns bewusst mit dem Erleben und Empfinden verbinden und all unsere Bewegungen wahrnehmen: »So also fühlt es sich an, erlebnisbereit zu sein.«

Wie einen Muskel bauen Sie so Ihre Erlebnisbereitschaft auf. Je kraftvoller sie wird, umso mehr sind Sie bereit, sich auch negativen Gefühlen und Körperempfindungen zu öffnen. Sie sollten meinen Worten aber nicht blind vertrauen, sondern es tatsächlich ausprobieren. Trainieren Sie Ihre Erlebnisbereitschaft erst mit positiven und zunehmend mit negativ bewerteten Aufgaben. Ihr innerer Vermeider wird nach und nach merken, dass er Sie gar nicht mehr zu beschützen braucht. Denn was Sie erleben, ist nur halb so schlimm.

SCHRITT FÜR SCHRITT UND OHNE EILE

Beginnen Sie mit kleineren Aufgaben und arbeiten Sie sich zu den schwierigeren Dingen vor. Je öfter Sie sich mit Ihrer Erfahrung bei weniger schön bewerteten Aufgaben verbinden, desto leichter wird es mit der Zeit werden. Schritt für Schritt werden Sie lernen, dies auch bei den wichtigen Themen Ihres Lebens zu tun. Wenn Sie sich in jemanden verliebt haben, stellen Sie sich dann dem Risiko, einen Korb zu bekommen – Sie sind bereit für die Erfahrung und wagen es, diese Person anzusprechen oder ihr Ihre Gefühle zu offenbaren. Auch der lang ersehnte Jobwechsel erscheint dann möglich, weil Sie bereit sind, sich den Unsicherheiten einer beruflichen Veränderung zu stellen.

Sie werden erleben, wie Ihr Leben dadurch reicher und erfüllter wird, weil es immer weniger von Vermeidung bestimmt wird. Sie lernen, sich nach und nach auch den unangenehmsten Erfahrungen zu stellen und sich bewusst und spürend mit dem zu verbinden, was dazugehört.

PERSÖNLICHE ERFAHRUNGEN

Die stinkende Mülltonne

Vor Kurzem nahm ich einen widerlichen Geruch bei den Mülltonnen wahr, die vor unserem Hauseingang stehen. Beim genaueren Hinsehen entdeckte ich, dass die Papiertonne vermutlich durch einen großen Hundehaufen gerollt worden war. Eines ihrer Räder war voller Hundekot. Ich fand das eklig und abscheulich und wandte mich erst einmal ab. Zum Glück musste ich zur Arbeit, sodass ich mich nicht mehr mit der Mülltonne beschäftigen musste. Aber als ich abends zurückkam, lag derselbe Geruch in der Luft. Ich fand das widerlich und wollte gar nicht daran denken. Mein innerer Vermeider hatte sich gemeldet. Er redete mir ein, wie ekelhaft das Ganze sei, und wollte mich unbedingt davor bewahren, mich näher mit diesem Gestank und der Tonne zu befassen.

Ich stand vor der Wahl, die fällige Reinigungsaktion entweder weiter vor mir herzuschieben oder so schnell wie möglich hinter mich zu bringen. Beides nervte und stresste mich. Daher entschied ich mich für einen dritten Weg. Ich wollte aufmerksam und präsent das verdreckte Rad reinigen. Ich wollte mein Erleben nicht vermeiden, sondern es bewusst wahrnehmen. So machte ich regelrecht eine Übung daraus, eine Übung im Umgang mit meinem inneren Vermeider.

Ich machte mich also daran, mit Latexhandschuhen, Spülmittel, Schwamm und Essigreiniger das Rad zu putzen. Erste Überraschung: Der Gestank war lange nicht so intensiv wie erwartet. Ich spürte Gefühle von Widerwillen und Ekel, die beim Putzen aber rasch verschwanden. Unter dem Schaum kam beim Schrubben langsam das schwarze Rad der Mülltonne zum Vorschein. Und bei mir stellte sich nach und nach eine gewisse Erleichterung und sogar Befriedigung ein. Insgesamt wurde es zu einem positiven Erleben: Mein Vermeider redete mir ein, dass es eklig und furchtbar sei, die reale Erfahrung hatte jedoch wenig mit meinen (oder besser: seinen) Befürchtungen zu tun.

Sie wissen gar nicht, wo Sie anfangen sollen? Hier einige typische Aufgaben im Haushalt, die die meisten gern vor sich herschieben: Toiletten putzen, aufräumen, Keller ausmisten, Fahrradreifen flicken, Steuererklärung machen. Oder wie wäre es mit unangenehmen beruflichen Aufgaben: schwierige E-Mails beantworten, Ablage sortieren, Vorgänge dokumentieren, den Vorgesetzten um eine Gehaltserhöhung bitten, Bewerbungen abschicken.
Mit welcher unangenehmen Tätigkeit wollen Sie heute gleich beginnen? Es lohnt sich, bringt Sie plötzlich mit größerer Leichtigkeit voran und kann nach und nach auch Ihren inneren Vermeider entspannen. Auch wenn das Waschen einer verdreckten Mülltonne deshalb noch lange nicht zu meinem neuen Hobby geworden ist.

FREUNDSCHAFTSDIENST

Unangenehmes einfach erledigen

Nehmen Sie sich eine Aufgabe vor, die zu den normalen Anforderungen Ihres Alltags gehört, die Sie aber vor sich herschieben und unangenehm, lästig oder langweilig finden. Versuchen Sie, sich dann in eine Haltung der Bereitschaft zu versetzen, das zu erleben, was mit dieser Tätigkeit verbunden ist.

- Nutzen Sie die drei Fähigkeiten des Erwachsenen in Ihnen: Seien Sie mitfühlend, achtsam (mit einem aktiven inneren Beobachter) und verbunden mit dem Vermeider. Und nun werden Sie einfach aktiv.
- Lenken Sie Ihre Aufmerksamkeit immer wieder auf das Hier und Jetzt: Was spüren Sie unter Ihren Fingern? Was fühlen Sie? Erleben Sie auch die unangenehmen Empfindungen wie Unsicherheit oder inneren Widerstand.

EINEN UNTERSTÜTZER WÄHLEN, DER MUT MACHT

Können Sie sich an einen Menschen in Ihrem Leben erinnern, der Ihnen Mut gemacht und Sie wohlwollend unterstützt hat? Wie bei den anderen inneren Anteilen, die Sie von Zeit zu Zeit quälen, können Sie sich einen solchen Unterstützer im Geiste auch zur Seite holen, wenn es um die Auseinandersetzung mit Ihrem inneren Vermeider geht.

Wer hat Ihnen geholfen, mit schwierigen Situationen umzugehen? War es ein Trainer, eine Lehrerin oder eine Tante? Versuchen Sie, sich an eine Person zu erinnern, bei der Sie diese positive Erfahrung gemacht haben. Wenn Ihnen niemand einfällt, können Sie auch eine Figur aus einem Film oder einem Buch wählen oder jemanden erfinden, von dem Sie gern unterstützt werden würden. Wenn Sie gläubig sind, können Sie auch eine religiöse Leitfigur nehmen.

Wählen Sie eine Person aus und machen Sie sie zu Ihrem inneren Unterstützer. Vielleicht haben Sie ein Foto, eine Postkarte oder ein Erinnerungsstück an diesen Menschen, das Sie nutzen können, um seine Präsenz deutlich spüren zu können. In schwierigen Zeiten können Sie sich die Gegenwart dieser Person vorstellen und sie um Rat fragen, wie in einem Zwiegespräch mit einem inneren Anteil. Was würde Ihr Unterstützer tun? Was würde er oder sie Ihnen raten? Wenn Sie wieder einmal etwas Wichtiges vermeiden wollen, machen Sie sich dies bewusst und fragen Sie Ihren Unterstützer um Rat.

Vielleicht gibt es bestimmte Mut machende Sätze, die Sie von Ihrem Unterstützer gehört haben. Das könnten Aussagen sein wie:

- »Du schaffst es.«
- »Du hast doch schon so vieles geschafft!«
- »Ich glaube an dich.«
- »Du kannst dir und deinen Fähigkeiten voll vertrauen.«

Wie wäre es, wenn Sie sich so einen Satz aufschreiben und an den Badezimmerspiegel kleben? Vielleicht gibt es auch einfach ein Gefühl, an das Sie sich erinnern, wenn Sie an diese Person denken. Geben Sie diesem Gefühl Raum, spüren Sie die wohlwollende Unterstützung.

FREUNDSCHAFTSDIENST

Das Ziel ... ist erreicht!

Wählen Sie einen Bereich aus, wo Sie gerade etwas vermeiden oder vor sich herschieben. Stellen Sie sich vor, wie Sie hierbei ein positives Ergebnis erreichen. Tun Sie das am besten sehr konkret. Wie sieht Ihr Ziel aus? Tun Sie so, als wäre es erreicht. Wie fühlt sich das an? Was sehen, was hören Sie?

DAS POSITIVE SEHEN

Unser innerer Vermeider hat vor allem negative Annahmen: »Das schaffst du nie.« »Das geht schief, lass besser die Finger davon.« Diese Negativannahmen sollen uns bremsen und vor Kränkungen und Zurückweisungen schützen. Da aber die Gefahr besteht, dass wir dann gar nichts mehr wagen, sollten wir Wege finden, die negativen Unterstellungen und Annahmen zu entkräften. Einer dieser Wege ist, ihnen bewusst positive Unterstellungen entgegenzusetzen. Stellen Sie sich also vor, wie Sie eine Arbeit finden, die Sie glücklich macht. Wie Sie einen Partner finden, mit dem Sie eine Zukunft haben. Wie Sie eine Herausforderung mit Bravour meistern. Stellen Sie sich die Ziele, die Ihnen wichtig sind, mit einem positiven Bild vor. Negative Annahmen wirken negativ, sie hemmen uns. Positive Bilder wirken positiv, allerdings müssen wir uns immer wieder bewusst für sie entscheiden. Kein Mensch weiß, was die Zukunft bringt, aber es ist viel wahrscheinlicher, dass Sie Ihre Ziele erreichen, wenn Sie sich sagen: »Ich glaube daran, ich werde es schaffen.« Durch positive Annahmen öffnen Sie sich, die Gelegenheiten des Lebens beim Schopfe zu packen. Sie sind bereit, die richtigen Schritte auch wirklich zu tun.

IHRE PERSÖNLICHE VISION VON IHREM LEBEN

Unser innerer Vermeider formuliert vor allem Vermeidungsziele. Er weiß genau, was nicht mehr passieren darf. Umso wichtiger ist, dass Sie wissen, was Sie möchten. In unserer Zeit ist das gar nicht so einfach, bei all den Möglichkeiten, die uns offenstehen. Erlauben Sie sich daher, eine persönliche Vision von Ihrem Leben zu entwickeln. Ist Ihnen die bewusst, können Sie auch die nötige Kraft entfalten, um Ihr Ziel zu erreichen. Lassen Sie sich von Ihrer Vision tragen.

REFLEXION

Was ist für Sie wirklich bedeutsam?

Stellen Sie sich vor, Sie steigen auf einen Berg und gewinnen innerlich Abstand zu Ihrem Alltag. Ein Gefühl von Weite und Offenheit stellt sich ein. Auf dem Berg haben Sie einen gewaltigen Überblick über die umliegende Landschaft und den Horizont. Die beste Gelegenheit, sich einige wichtige Fragen zu stellen. Sie haben einen Schreibblock dabei und notieren sich alle Gedanken, Träume, Bilder und Ideen, die Ihnen kommen. Bewerten und kritisieren Sie dabei nichts. Der innere Kritiker ist weit unten im Tal geblieben. Jetzt geht es nur um Sie und das, was für Sie wirklich bedeutsam, zentral und sinnstiftend ist. Öffnen Sie also Ihr inneres Schatzkästchen und schreiben Sie alles auf, was Ihnen wertvoll und wichtig im Leben ist. Fragen Sie sich:

- *Wie wollen Sie am liebsten leben? Welche Erfahrungen wollen Sie machen? Welche Träume wahr werden lassen?*
- *Welche Werte und Ziele liegen Ihnen im Bereich Beziehungen, Partnerschaft, Familie und Freundschaften am Herzen?*
- *Welche Ziele und Erfahrungen sind Ihnen im Beruf wichtig? Welche Qualitäten sind es bei Ihrer derzeitigen Tätigkeit? Wie wollen*

Fortsetzung auf Seite 148

Fortsetzung von Seite 147

Sie arbeiten? Gibt es berufliche Ziele oder konkrete Schritte, die Sie anstreben wollen: eine Aus- oder Weiterbildung, eine spezifische Qualifikation, die Selbstständigkeit?

- *Welche Lebensbereiche sind Ihnen noch wichtig? Was fällt Ihnen ein zu Hobbys, Spiritualität, Gesundheit, politisches oder ehrenamtliches Engagement? Welche Werte und Ziele wollen Sie in diesen Bereichen verfolgen? Wovon träumen Sie hier? Was würden Sie endlich gern Realität werden lassen?*
- *Verwerfen Sie nichts, was Ihnen in den Sinn kommt. Geben Sie auch der Intuition Raum. Schreiben Sie alles auf, ohne Wertung.*
- *Lesen Sie sich am Ende Ihre Liste durch. Wie fühlt sich das an? All diese Dinge, die Ihnen wichtig und erstrebenswert sind und die Sie in Ihrem Leben noch anstreben.*
- *Und noch einmal mit Genuss: Spüren Sie den Mut und die Freude in sich, alles zu wagen, um Ihre Visionen zu verfolgen.*

DIE HANDBREMSE LÖSEN

Vielleicht wollen Sie sich anhand der in der Reflexion erstellten Liste eine Vision auswählen, die Sie in der nächsten Zeit umsetzen. Es ist ein Anfang, ein Zeichen dafür, dass Sie jetzt durchstarten. Laden Sie dazu am besten auch den inneren Vermeider ein. Fragen Sie ihn, welche Gedanken und Gefühle er zu diesem Ziel hat. Welche Zweifel tauchen bei ihm auf? Welche Barrieren sieht er? Fehlen Ihnen Kompetenzen oder gibt es materielle Hürden? Tauschen Sie sich aus und entwickeln Sie gemeinsam einen Plan, der Sie Schritt für Schritt Ihrem Ziel näher bringt. Arbeiten Sie gemeinsam mit dem inneren Vermeider, fühlt er sich gesehen und Sie können von seinem Wissen profitieren. Er wird Sie dann auch garantiert nicht bremsen, wenn Sie Ihre Vision in die Tat umsetzen und freudestrahlend erste Teilziele erreichen.

IM LEBEN WIE AUF HOHER SEE

Stellen Sie sich vor, Sie sind der Kapitän eines Kreuzfahrtschiffes und steuern in Richtung Ihrer Traumziele. Als Kapitän haben Sie das Steuer in der Hand. An jedem Hafen steigen einige Gäste aus und andere kommen neu an Bord. Weit auf dem Meer liegen die Gäste in der Sonne, dösen am Pool oder vergnügen sich im Spielcasino.
Sobald Sie nun Ihr erstes Traumziel ansteuern wollen, melden sich aber einige unangenehme Passagiere. Sie wollen die Kontrolle über das Schiff übernehmen. Der Vermeider möchte am liebsten alle wichtigen und riskanten Ziele weiträumig umfahren. Der Katastrophisierer malt Ihnen in schwärzesten Farben die Gefahren Ihrer Traumroute aus. Und der Kritiker ist nie damit zufrieden, wie Sie steuern. Er beschimpft und kritisiert Sie. Sobald Sie das tun, was diese Gäste wollen, haben Sie Ihre Ruhe, dann verziehen sie sich wieder in die Kabinen. Dann aber erreichen Sie niemals Ihr Ziel.
Übertragen Sie dieses Bild der Kreuzfahrt auf Ihr Leben. Die Fahrgäste sind Ihre inneren Anteile, die auftreten, wenn Sie wichtige Werte und Ziele ansteuern. Sie fordern Sie auf, bestimmte Dinge zu tun oder zu lassen. Doch als Erwachsener sollten Sie das Steuer in der Hand halten.

»Es gibt nichts Gutes, außer man tut es.«

ERICH KÄSTNER

Ein persönliches Versprechen

Sind Sie bereit, sich selbst etwas Wichtiges zu versprechen? Beispielsweise für mich ist es wichtig, dass ich meine beiden Söhne liebevoll behandle und ein verantwortlicher Vater bin. Daraus leitet sich ab, dass ich Zeit für sie habe zum Spielen, für die Hausaufgaben oder für Gute-Nacht-Geschichten. Ich möchte diesem Versprechen folgen, ob ich nun grad Lust dazu habe oder nicht, ob es gerade in meinen Terminkalender passt oder nicht. Es bedeutet, dass ich mich jeden Tag aufs Neue an diesem Wert orientiere. So ein Versprechen könnte lauten: »Auch wenn es zeitweise schwierig ist, werde ich mein Verhalten an dem Ziel orientieren, ein verantwortlicher Vater zu sein ... oder regelmäßig Sport zu treiben ... oder meinem Körper und meiner Seele immer wieder Gutes zu tun. Wenn ich merke, dass ich diesen Wert aus den Augen verliere, richte ich mich neu darauf aus.« Gibt es ein Versprechen, das Sie sich geben wollen?
Welche konkreten Schritte führen in die entsprechende Richtung?

Alle Ihre Anteile haben eine Kabine auf Ihrem Lebensschiff – und sicher wollen Sie dort eine gute Stimmung haben, während Sie zu Ihren Traumzielen reisen. Seien Sie daher am besten offen und bereit für alle Passagiere, es ist genügend Platz auf diesem Schiff. Bei manchen Fahrten herrscht vielleicht einiger Tumult. Dann muss der Kapitän ab und zu eine Pause einlegen und sich die Beschwerden von einzelnen Fahrgästen anhören. Am besten behandelt er sie alle freundlich und überzeugt sie davon, dass es das Beste ist, wenn er als Kapitän die Ziele bestimmt und das Steuer in der Hand behält.

Fahren Sie als dieser Kapitän immer weiter in Richtung Ihrer Werte und Ziele. Seien Sie dabei durchaus bereit für die Anregungen der Vermeider oder Kritiker unter den Mitreisenden. Überlassen Sie ihnen aber nicht das Steuer. Halten Sie bei Zweifeln inne und orientieren Sie sich neu. Und dann fahren Sie weiter auf Ihre Ziele zu.

DIE PHASEN DER INNEREN HEILUNG

Sie haben nun vielfältige Methoden kennengelernt, wie Sie Ihren inneren Anteilen konstruktiv begegnen können. Vielleicht haben Sie damit auch schon die ersten positiven Erfahrungen gemacht. Es ist hilfreich, die Anwendung der einzelnen Übungen und Techniken im Zusammenhang eines größeren Prozesses zu sehen. Er lässt sich sehr gut in drei Phasen beschreiben.

DREI PHASEN BIS ZUR FREUNDSCHAFT MIT DEN INNEREN ANTEILEN

- **Erste Phase: Abwehr und Vermeidung.** Instinktiv reagieren wir auf unangenehme oder schmerzliche Gefühle und Anteile mit Widerstand. Wenn wir darüber nachgrübeln, wie wir das Unangenehme loswerden können, verstricken wir uns allerdings immer mehr. Gelingt uns die Abwehr und Vermeidung nicht oder öffnen wir uns dem, was einfach da ist, treten wir nach einer Weile in die zweite Phase ein.
- **Zweite Phase: Kontaktaufnahme, Kennenlernen, Zulassen.** Wir wenden uns – freiwillig oder gezwungenermaßen – dem unangenehmen Gefühl oder Anteil zu und setzen uns mit ihm auseinander. Wir fragen uns: Was bedeutet es? Wann tritt es auf und verschwindet wieder? Was ist das für ein Gefühl? Was für ein Anteil von mir wirkt da? Wir geben diesem Bereich einen Namen und lernen, ihn bewusst von anderen Gefühlen und Stimmungen zu unterscheiden. Mit der Zeit nimmt der Widerstand ab und wir können diesen Anteil zulassen.
- **Dritte Phase: Anfreunden, Mitgefühl und Trost.** Wir erkennen den verborgenen Wert und die positiven Absichten unserer Anteile und lernen, sie zu würdigen. Wir können allmählich gezielt mit unseren inneren Stimmen kommunizieren und beginnen, sie mitfühlend zu behandeln und zu trösten. Wir lassen die schwierigen Gefühle und Gedanken kommen und gehen. Wir haben gelernt, mit uns selbst und mit unseren inneren Anteilen mitfühlend und freundlich umzugehen.

PERSÖNLICHE ERFAHRUNGEN

Drei Stufen bis zur Heilung

Cornelia kam zu mir in die Beratung, weil sie sich seit einem Jahr nicht mehr so leistungsfähig und oft niedergeschlagen fühlte. Ich fragte sie, ob vor einem Jahr irgendetwas vorgefallen sei. Zunächst fiel ihr nichts ein, dann kam sie darauf, dass sie für ein Personalentwicklungsprojekt in ihrer Firma verantwortlich tätig gewesen war. Das Projekt habe allerdings zu verschiedenen Problemen der Planung und Finanzierung geführt, sodass es vorzeitig gestoppt wurde. Seitdem falle es ihr sehr schwer, sich für neue Aufgaben zu begeistern.

Ich fragte: »Waren Sie enttäuscht, als das Projekt vorzeitig beendet wurde?« »Ja, ich war ziemlich frustriert, weil die Arbeit von zwei Jahren umsonst war. Ich habe das außerdem persönlich genommen und mich ein bisschen wie eine Versagerin gefühlt. Seitdem fühle ich mich energielos und ausgebremst.« Ich fragte weiter: »Könnte denn auch etwas Sinnvolles darin liegen, nach dieser Erfahrung ausgebremst zu reagieren?«

Cornelia zögerte mit der Antwort: »Ja, vermutlich habe ich viel zu viel Energie in etwas reingesteckt, das zu nichts geführt hat. Ich bin nun etwas vorsichtiger geworden, wofür ich meine Kräfte hergebe.«

Ein vorsichtiger, bremsender innerer Anteil hatte die Führung übernommen, ohne dass Cornelia dies bewusst war. Sie machte nach diesem Gespräch einen Prozess im Umgang mit diesem schützenden Anteil durch, der in den drei dafür typischen Phasen verlief (wobei die erste bei ihr bereits nach dem damaligen Projektende begonnen hatte):

Erste Phase: Abwehr und Vermeidung. Cornelia kämpfte innerlich sehr gegen ihre Trauer und den Ärger über den Misserfolg. Sie betrachtete es als ihr persönliches Scheitern und zog sich gekränkt und verletzt von neuen Herausforderungen am Arbeitsplatz zurück. Sie fühlte sich mit der Zeit bedrückt und niedergeschlagen, weil sie nicht mehr so viel leistete und keinen Spaß mehr am Arbeiten hatte.

Zweite Phase: Kontaktaufnahme, Kennenlernen, Zulassen. Durch unsere gemeinsame Arbeit im Coaching begann sie, neugierig auf ihre eigenen Empfindungen zu werden. Sie bog in Phase zwei ein und entdeckte, dass dieser Zustand der Niedergeschlagenheit eigentlich ein Schutzmechanismus vor weiteren Frustrationen war. Allerdings zeigte sich dieser nicht nur am Arbeitsplatz, sondern auch zu Hause, im Zusammenleben mit ihrem Partner und in ihrer Freizeit. Sie war nicht mehr unternehmungslustig, hatte weniger Interesse, Freundinnen zu treffen, war lustlos und oft scheinbar grundlos unzufrieden. Für ihren Partner war das eine schwierige Zeit, er kannte Cornelia so nicht. Auf meine Anregung hin gab sie nun der Kraft in sich, die diesen Zustand hervorrief, den Namen »Aufpasser«, weil sie entdeckte, dass er immer dann ins Spiel kam, wenn ihr etwas wichtig war, wenn also die Möglichkeit bestand, enttäuscht zu werden. Bei alltäglichen Pflichtaufgaben wie dem E-Mail-Beantworten oder Einkaufen meldete sich ihr Aufpasser nicht.

Sie lernte diesen inneren Begleiter nun immer besser kennen und tolerieren. Sie hörte vor allen Dingen auf, gegen ihn zu kämpfen oder sich selbst dafür abzulehnen, dass er da war. Sie entwickelte zunehmend Verständnis und Mitgefühl für ihre eigene Person und für ihre Enttäuschung. Hinter ihrem Aufpasser entdeckte sie auch eine verletzte und gekränkte Seite. Dort spürte sie die Frustration, dass sie damals ihre Ziele nicht erreicht hatte und ihre Leistung nicht honoriert wurde. Sie konnte diese Gefühle und Gedanken besser zulassen.

Dritte Phase: Anfreunden, Mitgefühl und Trost. Cornelia begann, ihren inneren Aufpasser zu begrüßen, wenn er sich bemerkbar machte. Sie dankte ihm für seine harte Arbeit. Mit der Zeit freundete sich Cornelia mit dem Aufpasser ebenso an wie mit ihrer verletzten Seite. Sie lernte, ihr Mut zu machen wie einem traurigen Kind. Mit dem Aufpasser fing sie an zu verhandeln, dass es sich doch lohnt, neue Projekte anzupacken und kalkulierte Risiken einzugehen. Sie bat ihn um Unterstützung beim Verfolgen ihrer Ziele und lernte, besser mit ihren Kräften umzugehen. Das Leben begann neu, Freude zu machen, die Bremse war gelöst.

RESILIENZ ENTWICKELN

Ich hoffe, die gute Nachricht ist angekommen. Auch der härteste innere Kritiker und stärkste Vermeider hat eine wichtige Funktion und verfolgt eine gute Absicht. Es gibt keine Feinde in Ihrem Kopf. Auch wenn sich das manchmal ganz anders anfühlt. Ihr Gehirn produziert nichts Sinnloses. Oft sind der Sinn oder die positiven Absichten der einzelnen Anteile auf den ersten Blick nur schwer erkennbar. Es ist wie bei manchen Märchengestalten, beispielsweise dem Frosch, der erst wachgeküsst werden muss, oder dem Bären im Märchen von Schneeweißchen und Rosenrot, der erst verwöhnt und gepflegt werden muss, bis er sich in den Prinzen verwandelt.

Durch Freundlichkeit, Achtsamkeit und eine positive innere Kommunikation können wir diese inneren Kräfte verwandeln und für uns gewinnen. Es sind immer wieder diese drei Qualitäten.

In dem modernen Märchen von Antoine de Saint-Exupéry »Der kleine Prinz« muss der Fuchs vom kleinen Prinzen erst gezähmt werden. Der Fuchs lehrt ihn: »Man kennt nur die Dinge, die man zähmt.« Genauso haben Sie in diesem Buch Wege kennengelernt, Ihre inneren Kritiker, Vermeider oder Katastrophisierer zu »zähmen« und in Freunde zu verwandeln, die Sie gut kennen.

EINE EINLADUNG AN ALLE ANTEILE

Sie befreien sie, wenn Sie lernen, sie mitfühlend mit dem Herzen zu sehen. Dann werden sie Sie im Alltag unterstützen und Ihnen ihre Geheimnisse anvertrauen. Sie lernen, ein volles, ja sogar ein wundervolles Leben zu wagen, und geben Schritt für Schritt die Vermeidung auf. Befreien Sie also Ihre inneren Anteile von der Schwerstarbeit, die sie seit Jahren für Sie verrichten.

Laden Sie all Ihre inneren Anteile ein, gemeinsam etwas Neues zu lernen. Zuerst bei den kleinen Schritten des Alltags. Und wenn Sie sich mehr zutrauen, dann bei den größeren Abenteuern des Lebens.

Diese innere Verwandlung ist das Geheimnis der Resilienz. Darunter verstehen Psychologen die Fähigkeit, Krisen zu bewältigen und als Anlass für die persönliche Entwicklung zu nutzen. Hoch resiliente Menschen entdecken im Schweren das Freundliche, im Harten das Weiche, im Selbstkritischen das Unterstützende. Sie erholen sich rascher von Tiefschlägen und entdecken schneller wieder das Licht aus dem Dunkel heraus. Sie verhärten sich nicht, sondern beugen sich, werden weich, um sich nach einer Krise neu aufzurichten und dem Leben mit offenem Herzen und einem offenen Geist zu begegnen.

DIE GABE EINES POSITIVEN LEBENS

In Untersuchungen konnte festgestellt werden, dass hoch resiliente Menschen eine positivere Grundhaltung sich selbst und dem Leben gegenüber haben, sie erleben vermehrt positive Gefühle.
Das Gute ist nun: Resilienz lässt sich trainieren und entwickeln. Mitgefühl und Freundlichkeit im Umgang mit sich selbst sind dafür ein wesentlicher Ansatzpunkt. Und genau sie haben Sie ja auch im Umgang mit Ihren inneren Anteilen kennengelernt. Wenn Sie diesem Weg mit all den praktischen Anregungen aus diesem Buch folgen, sind Sie dabei, sich Ihre inneren Anteile zu unterstützenden Freunden zu machen. Aber zusätzlich erhöhen Sie damit Schritt für Schritt auch Ihre Resilienz – Ihre Kraft, mit all den kleinen und großen Herausforderungen des Lebens erfolgreich und gewinnbringend umzugehen.

Wenn du beginnst, dein Herz zu öffnen,
wirst du entdecken,
wie viel Platz dort ist.

Bücher und Adressen, die weiterhelfen

BÜCHER AUS DEM GRÄFE UND UNZER VERLAG

Berckhan, Barbara: *Wahre Stärke muss nicht kämpfen*

Eßwein, Jan Thorsten: *Achtsamkeitstraining* (mit CD)

Iding, Doris: *Der kleine Achtsamkeitscoach.*

BÜCHER AUS ANDEREN VERLAGEN

Earley, Jay: *Meine innere Welt verstehen.* Kösel

Fredrikson, Barbara L.: *Die Macht der Liebe.* Campus

Germer, Christopher: *Der achtsame Weg zur Selbstliebe.* Arbor

Gilbert, Paul, und Choden: *Achtsames Mitgefühl.* Arbor

Hammer, Matthias: *Das innere Gleichgewicht finden.* Balance.

Hayes, Stephen C.: *In Abstand zur inneren Wortmaschine.* dgvt

Hölzl, Britta: *Die große Achtsamkeits-Box.* 5W-Verlag

Kabat-Zinn, Jon: *Gesund durch Meditation.* Knaur

Knuf, Andreas: *Ruhe da oben!* Arbor

Neff, Kristin: *Selbstmitgefühl.* Kailash

Peichl, Jochen: *Rote Karte für den inneren Kritiker.* Kösel-Verlag

Reddemann, Luise: *Dem inneren Kind begegnen* (CD). Klett Cotta

Schulz v. Thun, Friedemann: *Miteinander Reden, Teil 3: Das innere Team und situationsgerechte Kommunikation.* Rowohlt

Weiss, Halko; Harrer, Michael E.; Dietz, Thomas: *Das Achtsamkeitsbuch.* Klett Cotta

WEITERFÜHRENDE ADRESSEN

Lebe Balance, das Programm für innere Stärke und Achtsamkeit: www.aok.de

Mindfulness-Based Stress Reduction (MBSR) nach Jon Kabat-Zinn: www.mbsr-verband.de

Mindful Self-Compassion (MSC) von Christine Brähler und Christopher Germer, Mindfulness-Based Compassionate Living: www.selbstmitgefühl.de/kurse

Informationen zu Seminaren und Angeboten des Autors finden Sie unter: www.matthiashammer.de

Matthias Hammer leitet zudem eine Weiterbildung zur achtsamkeitsorientierten Beratung. Mehr Informationen dazu unter: www.achtsamkeit-beratung.de

Sachregister

„Clever leben: so einfach geht's!“
Melanie Wenzel
Expertin des „ARD-Buffet“, Autorin, Heilpraktikerin und nun auch Top-Expertin der clever leben-Redaktion
Mein bester Ratgeber
Clever leben
NEU! NUR 1,95 €
mit QUICK-FINDER
LIEBLINGS-PASTA
DIE BESTEN TIPPS FÜR:
Jeden-Tag-Küche
Haushalt für Faule
einen schönen Balkon
Was Ihre Katze sagen will
BESSER ALS JEDE DIÄT
Raus aus der ZUCKER-FALLE
JETZT ERFORSCHT
ARTHROSE SELBST HEILEN
IN KOOPERATION MIT
GU
NUR BEI UNS
30 TOP-EXPERTEN beantworten Ihre Fragen
Jetzt neu im Handel!
Cleverleben
Viele Tipps & Tricks der GU-Experten machen das Leben leichter.
Für alle Themen, die uns Frauen bewegen. Cleverleben – Mein bester Ratgeber!

IMPRESSUM

Projektleitung und Lektorat:
Dr. Diane Zilliges

Bildredaktion: Henrike Schechter

Umschlaggestaltung und Layout: independent Medien-Design, Horst Moser, München

Herstellung: Susanne Mühldorfer

Satz: Uhl + Massopust, Aalen

Lithos: Longo AG, Bozen

Druck und Bindung:
Drukarnia Dimograf SP.zo.o
Polen

ISBN 978-3-8338-4268-9

5. Auflage 2017

Die GU-Homepage finden Sie unter www.gu.de

Bildnachweis
Cover: Fotolia.com/Abundzu

Illustrationen: Claudia Lieb, München

Syndication:
www.seasons.agency

Wichtiger Hinweis
Die Gedanken, Methoden und Anregungen in diesem Buch stellen die Meinung bzw. Erfahrung des Verfassers dar. Sie wurden vom Autor nach bestem Wissen erstellt und mit größtmöglicher Sorgfalt geprüft. Sie bieten jedoch keinen Ersatz für persönlichen kompetenten medizinischen Rat. Jede Leserin, jeder Leser ist für das eigene Tun und Lassen auch weiterhin selbst verantwortlich. Weder Autor noch Verlag können für eventuelle Nachteile oder Schäden, die aus den im Buch gegebenen praktischen Hinweisen resultieren, eine Haftung übernehmen.

Umwelthinweis
Dieses Buch wurde auf PEFC-zertifiziertem Papier aus nachhaltiger Waldwirtschaft gedruckt.

QUALITÄTS G|U GARANTIE

Liebe Leserin, lieber Leser,

haben wir Ihre Erwartungen erfüllt? Sind Sie mit diesem Buch zufrieden? Haben Sie weitere Fragen zu diesem Thema? Wir freuen uns auf Ihre Rückmeldung, auf Lob, Kritik und Anregungen, damit wir für Sie immer besser werden können.

GRÄFE UND UNZER Verlag
Leserservice
Postfach 86 03 13
81630 München
E-Mail:
leserservice@graefe-und-unzer.de

Telefon: 00800 / 72 37 33 33*
Telefax: 00800 / 50 12 05 44*
Mo–Do: 9.00 – 17.00 Uhr
Fr: 9.00 – 16.00 Uhr
(gebührenfrei in D, A, CH)*

Ihr GRÄFE UND UNZER Verlag
Der erste Ratgeberverlag – seit 1722.

www.facebook.com/gu.verlag

GRÄFE UND UNZER

Ein Unternehmen der
GANSKE VERLAGSGRUPPE